밥을 먹지
않으면 **뇌**가
피곤해진다고?

THE HUMAN BRAIN IN 30 SECONDS

Copyright © 2016 by Ivy Kids, an imprint of Quarto Publishing plc
All rights reserved.

No part of this book may be used or reproduced in any manner
whatever without written permission,
except in the case of brief quotations embodied in critical articles or reviews.

Korean Translation Copyright © 2023 by Prunsoop Publishing Co., Ltd.
Published by arrangement with Quarto Publishing plc
through BC Agency, Seoul.

이 책의 한국어판 저작권은 BC 에이전시를 통해
Quarto Publishing plc와 독점 계약한 (주)도서출판 푸른숲에 있습니다.
저작권법에 의해 한국 내에서 보호를 받는 저작물이므로 무단 전재와 복제를 금합니다.

밥을 먹지 않으면 뇌가 피곤해진다고?

클라이브 기퍼드 글 | 웨슬리 로빈스 그림 | 김선영 옮김

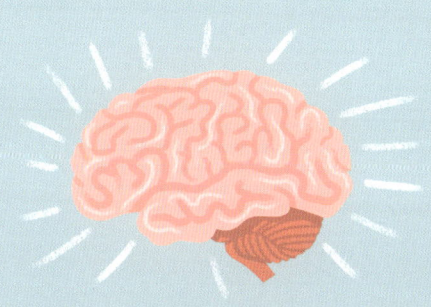

푸른숲주니어

차례

들어가는 말 • 8

우리 뇌를 소개합니다!

뇌는 젤리처럼 말랑말랑! #뇌머리뼈 #뇌막 #뇌척수액 ▷ 12
3분 미션 달걀이 머리라고 상상해 볼까?

소뇌가 없으면 매번 넘어질 거라고? #뇌의 구조 #대뇌 #소뇌 #뇌줄기 ▷ 15
여기서 잠깐! 우리가 살아 있는 건 다 뇌줄기 덕분!

대뇌 속의 이파리? #이마엽 #관자엽 #마루엽 #뒤통수엽 ▷ 18
3분 미션 내 머리에는 엽이 어디쯤 있을까?

왼쪽 뇌가 움찔하면 오른발이 움직여! #좌반구 #우반구 ▷ 21
3분 미션 나는 어느 쪽을 주로 쓸까?

밥을 먹지 않으면 피곤해지는 이유 #혈액 #포도당 #심장 #에너지 #산소 ▷ 24
3분 미션 뇌를 쓰는 데 에너지가 얼마큼 필요할까?

머리에 쏙쏙! 뇌 용어 사전 • 27

이래 봬도 소통의 왕

뉴런은 이어달리기 선수? #뉴런 #신경 세포 #전기 신호 #시냅스 #신경 전달 물질 ▷ 30
`3분 미션` 뉴런이 되어 연쇄 반응 놀이를 해 봐!

머리가 좋아지는 비법은? #신경망 #뉴런 #연결 고리 ▷ 33
`여기서 잠깐!` 쉼 없이 변하는 뇌

내 발가락을 꼼지락거리게 하는 건? #감각 신경 #운동 신경 #시각 신경 #말초 신경 ▷ 36
`3분 미션` 반응 능력 테스트

우리 몸의 긴급 방어 체계 #반사 작용 #도피 반사 ▷ 39
`3분 미션` 동공의 반사 작용

우리 몸의 감각 기관

피자 냄새로 맛을 느낀다고? #후각 #후각 섬모 #후각 망울 ▷ 44
`3분 미션` 맛으로만 과일을 맞춰 봐!

누가 누가 잘 듣나? #진동 #청각 #고막 #달팽이관 ▷ 47
`3분 미션` 귀를 속여라!

양쪽 눈이 세상을 다르게 본다고? #망막 #동공 #수정체 #시각 신경 ▷ 50
`3분 미션` 손바닥에 구멍을 내 볼까?

머리에 쏙쏙! 뇌 용어 사전 • 53

기억을 생성하고 정리하는 뇌

즐거운 일만 오래오래 기억하기 #감각 기억 #단기 기억 #장기 기억 ▷ 56
3분 미션 단기 기억 테스트

우리는 왜 자꾸 잊어버릴까? #기억 #망각 #간섭 ▷ 59
3분 미션 기억 릴레이 게임

비밀번호 쉽게 외우는 방법 #덩이 짓기 #기억술 ▷ 62
3분 미션 기억의 궁전 짓기

머리에 쏙쏙! 뇌 용어 사전 • 65

뇌, 감정이 태어나는 곳

행복을 느끼는 게 뇌 덕분? #감정 #편도체 #대뇌변연계 ▷ 68
여기서 잠깐! 기억에 영향을 주는 감정

두려움이 우리를 보호한다고? #두려움 #콩팥 위샘 #투쟁-도피 반응 ▷ 71
3분 미션 공포증과 그 대상을 짝지어 보기

머리에 쏙쏙! 뇌 용어 사전 • 74

지능을 높이는 뇌 사용 설명서

지능은 성적순이 아니라고? #지능 #음악 지능 #논리 수학 지능 #대인 관계 지능 ▷ 78
3분 미션 수학 퍼즐 맞추기

지능이 높으면 대화를 잘할까? #언어 지능 #문자 언어 #시각 언어 ▷ 81
3분 미션 낱말 퍼즐 게임

농구 선수는 눈썰미가 좋아야 한다? #시각 정보 #시각 공간 지능 ▷ 84
3분 미션 똑같은 도형을 찾아라!

옷을 고를 때도 논리가 필요해 #논리 #문제 해결 #추론 #연역법 ▷ 87
3분 미션 논리 퍼즐 풀기

천재들은 산책을 좋아한다고? #창의력 #아이디어 #다윈 #아인슈타인 ▷ 90
3분 미션 창의력이여, 솟아라!

챗GPT는 사람만큼 똑똑할까? #인공 지능 #챗GPT ▷ 93
여기서 잠깐! 인공 지능과 챗GPT

머리에 쏙쏙! 뇌 용어 사전 • 96

정답 • 98

들어가는 말

자, 이제부터 뇌를 탐험해 볼까요?

여러분은 뇌에 대해 얼마나 알고 있나요? 우리 몸은 대부분 하나의 기관이 한 가지 일을 하도록 설계되어 있어요. 그런데 뇌는 달라요. 놀랍게도 여러 가지 일을 동시에 해낸답니다!

뇌는 우리 몸에 있는 기관들을 지휘해요. 근육과 관절에 지시를 내려 움직이게 하고, 몸속 기관들의 움직임을 하나하나 살피고 조절하지요. 우리의 숨소리가 고른지, 심장이 잘 뛰는지, 팔다리를 자유롭게 움직이는지 모두 점검하고 있어요.

또 여러 가지 감각을 통해서 끊임없이 밀려오는 정보도 처리해요. 쓸데없는 정보를 걸러 내고 필요한 정보를 받아들인 다음, 거기에 맞게 생각하고 행동하게 하지요. 이러한 뇌 덕분에 우리는 다양한 정보를 머릿속에 오래오래 저장할 수 있어요.

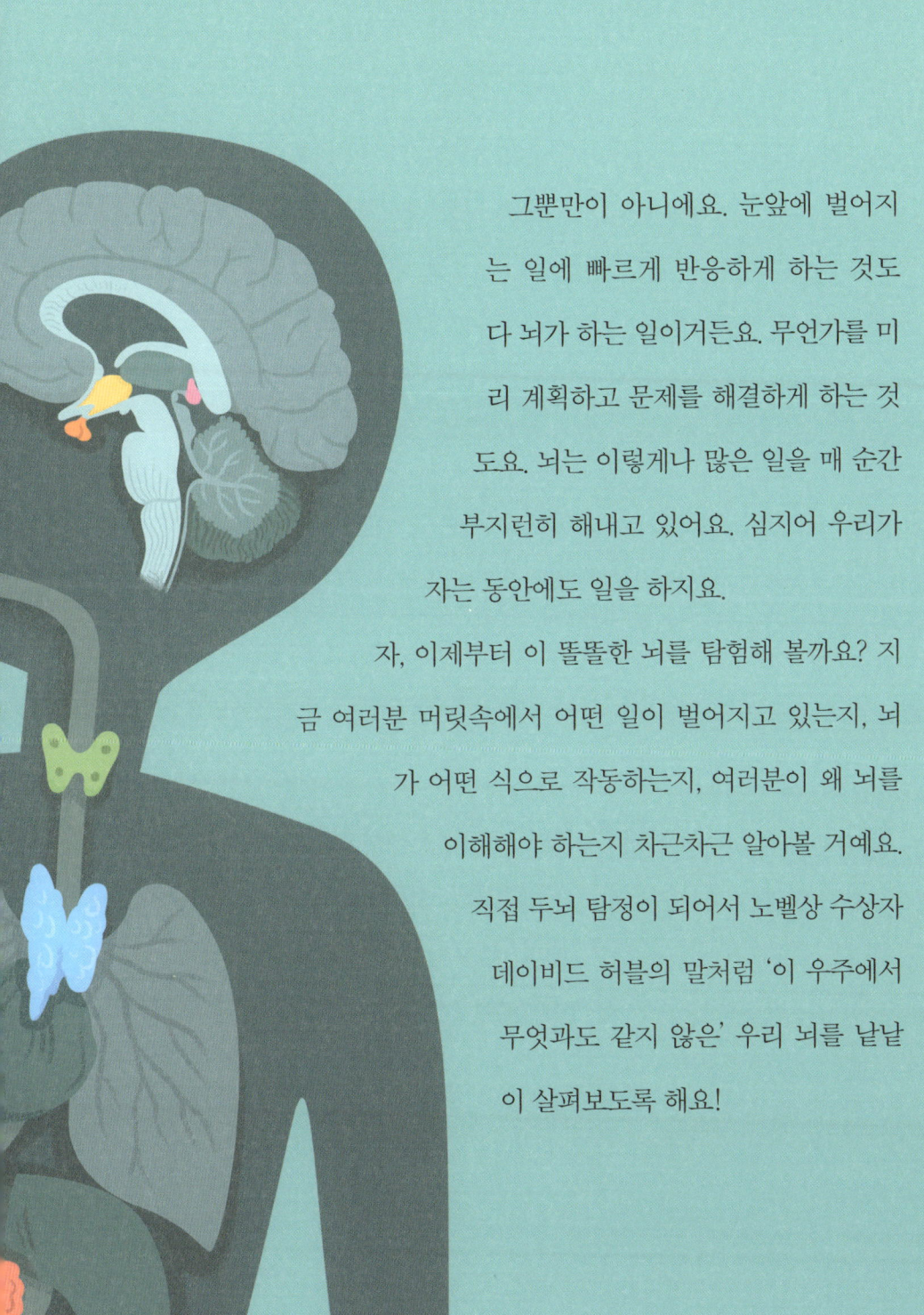

그뿐만이 아니에요. 눈앞에 벌어지는 일에 빠르게 반응하게 하는 것도 다 뇌가 하는 일이거든요. 무언가를 미리 계획하고 문제를 해결하게 하는 것도요. 뇌는 이렇게나 많은 일을 매 순간 부지런히 해내고 있어요. 심지어 우리가 자는 동안에도 일을 하지요.

자, 이제부터 이 똘똘한 뇌를 탐험해 볼까요? 지금 여러분 머릿속에서 어떤 일이 벌어지고 있는지, 뇌가 어떤 식으로 작동하는지, 여러분이 왜 뇌를 이해해야 하는지 차근차근 알아볼 거예요. 직접 두뇌 탐정이 되어서 노벨상 수상자 데이비드 허블의 말처럼 '이 우주에서 무엇과도 같지 않은' 우리 뇌를 낱낱이 살펴보도록 해요!

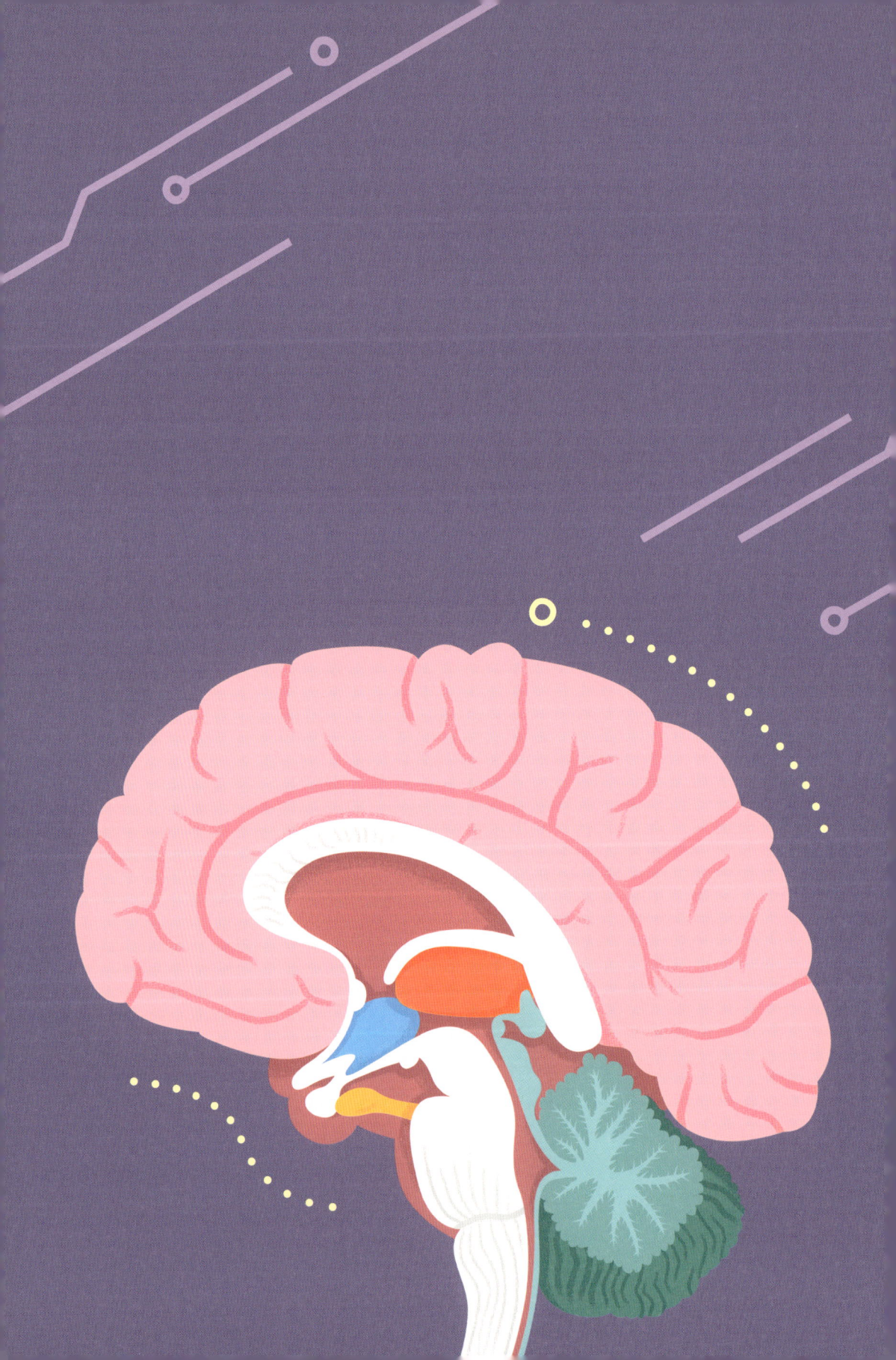

우리 뇌를 소개합니다!

우리가 생각하고 느끼고 행동하는 것뿐 아니라, 우리 몸의 각 기관도 회백색 콜리플라워처럼 생긴 덩어리가 다 조절하고 있어요. 그것이 바로 '뇌'랍니다.

우리 뇌의 무게는 약 1.4킬로그램이에요. 침팬지의 뇌보다 세 배쯤, 사자의 뇌보다 다섯 배쯤 무겁지요. 겉모습은 그냥 그래 보여도, 그 안에서 수많은 활동이 일어나고 있답니다.

🔍 뇌는 젤리처럼 말랑말랑!

#뇌머리뼈 #뇌막 #뇌척수액

우리 뇌는 두부나 젤리처럼 말랑해요. 그렇게 말랑말랑하면 쉽게 다치는 것 아니냐고요? 걱정 마세요! 다행히 여러 겹으로 보호되고 있으니까요.

여덟 개의 뼈로 된 뇌머리뼈와 얼굴을 지탱하는 얼굴뼈, 세 겹으로 된 뇌막이 뇌를 안전하게 감싸고 있거든요.

게다가 130~160밀리리터의 뇌척수액 속에 들어 있어요. 뇌척수액이 뇌로 갈 충격을 미리 흡수하고, 이 무거운 뇌가 뇌줄기를 짓누르지 않게 무게를 덜어 주지요.

그렇다고 뇌가 천하무적은 아니에요. 살짝 부딪히는 정도의 충격에는 보호되지만 심하게 타격을 받으면 다칠 수 있거든요. 그러니까 스케이트보드나 자전거를 탈 때는 꼭 헬멧을 써야 해요.

> ▶ 3분 미션
>
> ### 달걀이 머리라고 상상해 볼까?
>
> **준비물 : 신선한 달걀 2개, 뚜껑이 달린 플라스틱 그릇 2개, 물**
>
> 1. 달걀을 뇌라고 생각하고 그릇에 한 알씩 넣어요. 그릇 하나에만 물을 채운 뒤 뚜껑을 잘 닫아요.
>
> 2. 그릇 두 개를 같은 높이에서 떨어뜨려요.
>
> 아마도 달걀 한 알은 깨지고, 다른 한 알은 괜찮을 거예요. 어떤 그릇에 든 달걀이 무사한가요? 그 이유는 무엇일까요?
>
> ☞ 정답은 98쪽에

뇌는 손상을 막기 위해
여러 겹으로 보호되고 있어요.

두 겹의 바깥 뇌막은 두개골과
뇌척수액 사이에서 보호 장벽
역할을 해요.

반원 모양의 뇌머리뼈는
딱딱한 뼈로 된 판들이
이어진 거예요.

뇌척수액

뇌막

뇌

헬멧을 쓰고 있군요. 참 잘했어요!
헬멧이 뇌를 보호해 주니까 다치지 않고
스케이트보드를 재미있게 탈 수 있겠죠?

🔍 소뇌가 없으면 매번 넘어질 거라고?

#뇌의 구조 #대뇌 #소뇌 #뇌줄기

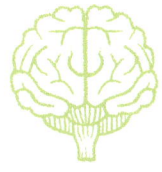

뇌에는 셀 수 없이 많은 세포가 있어요. 크게 대뇌와 소뇌, 뇌줄기로 이루어져 있고요.

'대뇌'는 뇌에서 가장 큰 부분인데요. '큰 뇌'라고도 불러요. 기억을 저장하고 생각과 행동을 조절하지요. 언뜻 보면 호두 껍질처럼 생겼답니다.

가장 바깥쪽에는 대뇌 겉질이 있어요. 주름이 자글자글하게 잡혀 있는데, 이 주름을 다 펴면 가로세로 길이가 자그마치 1.5미터인 돗자리만 해요. 140억 개가 넘는 신경 세포들로 이루어져 있고, 기억과 집중, 사고, 언어, 의식과 같이 매우 중요한 기능을 담당한답니다.

'소뇌'는 '작은 뇌'라고도 부르는데요. 하는 일이 무척 많아요. 무엇보다 우리 몸의 움직임을 정확하게 조절하는 일을 해요. 몸의 균형을 잡고, 근육과 관절이 서로 협력하고 조화롭게 움직이도록 하지요. 만약 소뇌가 없다면 우리는 일어서려다가 매번 바닥에 넘어질지도 몰라요!

소뇌 앞에 있는 '시상'은 뇌의 중계탑이라고 생각하면 쉬워요. 감각 기관에서 들어오는 정보를 걸러서 뇌의 여러 부위로 전달하거든요.

'뇌줄기'는 대뇌와 척수를 연결해 주고 있어요. 무엇보다 생명을 이어 가는 데 아주 중요한 역할을 하지요. 그래서 뇌줄기를 다치게 되면 목숨이 위험해져요.

▶ 여기서 잠깐!

우리가 살아 있는 건 다 뇌줄기 덕분!

뇌줄기는 신경계를 통해 뇌와 각 기관을 연결해요. 그래서 무지무지 막중한 임무를 맡고 있어요. 바로 우리 몸의 여러 기능을 조절하면서 살아 있게 해 주거든요. 뇌줄기는 호흡과 심장 박동, 소화, 혈압 유지를 담당하고 있어요.

뇌의 각 부위는 각자 하는 일이 달라요.

시상은 감각 기관에서 오는 정보를 대뇌로 전달해요.

대뇌는 기억과 언어, 공부, 생각 등을 조절해요.

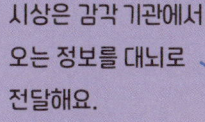

시상 하부는 잠과 배고픔, 체온 등을 조절해요.

소뇌는 균형과 운동 기능을 담당해요.

편도체는 감정과 기억을 관리해요.

뇌줄기는 대뇌와 척수를 이어 줘요.

우리가 롤러스케이트를 타면서 넘어지지 않는 건 무엇 덕분이라고요? 그래요! 바로 소뇌 덕분이에요!

🔍 대뇌 속의 이파리?

#이마엽 #관자엽 #마루엽 #뒤통수엽

과학자들은 대뇌를 네 가지 영역으로 나누어요. 끝에다 '엽'이라는 말을 붙이는데, 이파리(葉)란 뜻이랍니다. 이 네 가지 엽은 서로 협력하여 작동하기도 하지만, 저마다 고유한 기능을 갖고 있어요.

'이마엽(전두엽)'은 사고력을 담당해요. 분석과 예측, 문제 해결을 맡고 있지요.

'관자엽(측두엽)'은 청각을 주로 관리해요. 관자엽 안쪽에 해마가 있어서 기억을 저장하는 일도 하고요. 그러니까 소리를 듣고 난 뒤에 이해하고 기억하는 일을 하는 셈이에요.

'마루엽(두정엽)'은 촉각에서 오는 정보를 처리해요. 관절과 근육의 움직임을 감지하지요. 간지럽거나 뜨겁거나 아프거나 하는 걸 느끼게 해 주어요. 아, 언어를 이해하는 것을 도와주기도 한답니다. 가족들의 수다 속에서 엄마가 부르는 소리를 알아듣는 건 다 마루엽이 있어서예요.

'뒤통수엽(후두엽)'은 말 그대로 머리 뒤편에 있어요. 한마디로 시각 처리 센터예요. 여러 가지 일을 하지만, 그중에도 색깔과 움직임을 구별하고 물체를 알아볼 수 있게 해 주어요.

> ▶ 3분 미션   _ ☐ ✕
>
> ## 내 머리에는 엽이 어디쯤 있을까?
>
> 1. 한 사람은 심판이에요. 심판이 먼저 엽의 이름을 외쳐요.
>
> 2. 다른 사람은 자신의 머리에서 심판이 외친 엽의 자리를 손으로 짚어 보아요.
>
> 3. 심판은 가장 늦게 짚은 사람을 탈락시켜요.
>
> 같은 방식으로 마지막 한 명이 남을 때까지 계속해요. 마지막으로 남은 사람이 우승!

대뇌의 네 개의 엽은
각자 다른 일을 해요.

마루엽은 팔다리 등 내 몸의
움직임을 알게 하고, 주변 상황에
집중할 수 있게 도와줘요.

이마엽은 문제를 해결하고
계획을 세울 수 있게 해 주어요.
감정에도 관여하고요.

관자엽은 소리와
기억을 처리하지요.

뒤통수엽은 시각을
담당해요.

🔍 왼쪽 뇌가 움찔하면 오른발이 움직여!

#좌반구 #우반구

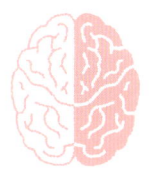

　우리 뇌는 왼쪽과 오른쪽으로 나뉘는데, 각각 '반구'라고 불러요. 좌반구와 우반구는 굵은 신경 다발인 뇌들보로 연결되어 있는데요. 두 반구 사이로 수없이 많은 신호가 지나다닌답니다.

　두 반구는 비슷하게 생겼지만 완전히 똑같지는 않아요. 말을 하거나 이해하는 능력은 대부분 좌반구에서 담당해요. 그리고 우반구는 시각 능력을 도맡고 있지요.

　특이한 점은 양쪽 반구가 서로 몸의 반대편을 책임진다는 거예요. 예를 들어, 오른발로 축구공을 찬다면 좌반구가 다리를 움직이게 하는 거예요. 와우, 신기하지 않나요?

사람들은 대부분 몸에서 주로 쓰는 쪽이 있어요. 세계 인구의 약 90퍼센트가 오른손잡이고, 약 70퍼센트가 오른쪽 눈으로 사물을 더 잘 보지요. 물론 양쪽 다 잘 사용하는 사람도 있어요. 왼손으로 글씨를 쓰고, 오른쪽 눈으로 망원경을 보는 사람처럼요.

▶ 3분 미션 　　　　　　　　　　　　　　　 _ □ ×

나는 어느 쪽을 주로 쓸까?

준비물 : 키친타월 심, 동전

1. 바닥에 동전을 놓은 다음, 친구한테 통으로 내려다보게 해요.

2. 통을 바닥에 내려놓은 뒤, 한 발로 동전을 밟고서 손으로 집어 올리게 해요.

3. 친구가 어느 쪽 눈으로 보는지, 어느 쪽 발로 동전을 밟는지, 어느 쪽 손으로 동전을 집는지 관찰해 봐요.

모두 한 방향이었나요?

밥을 먹지 않으면 피곤해지는 이유

#혈액 #포도당 #심장 #에너지 #산소

우리 뇌는 굉장히 바쁘게 움직여요. 뇌의 활동으로 12와트 전구를 밝힐 수 있을 정도라지요. 생각을 하고 일을 하는 데는 에너지가 많이 필요해요. 뇌는 우리 몸이 만드는 에너지의 무려 5분의 1을 먹어 치운대요.

뇌에 쓰이는 에너지는 바로 소화 과정에서 음식물을 쪼개어 만드는 '포도당'이에요. 포도당은 에너지를 만들 때 필요한 산소와 함께 혈액을 타고 뇌로 가지요. 심장이 혈액을 혈관으로 힘차게 뿜어서 온몸으로 흐르게 한답니다.

그런데 몸이 힘들면 뇌도 피곤해져요. 잠을 자지 못하거나 수분이 부족하면 뇌에 안 좋은 영향을 미치거든요. 포도당이 부족하면 뇌는 에너지를 얻지 못해요. 그러면 계획을 세우거나 결정을 내리거나 몸을 조절하는 데 문제가 생기지요.

  뇌가 포도당이나 산소를 10분 이상 공급받지 못하면 뇌 손상이 일어날 수도 있어요. 그러니 잘 먹고 잘 자는 것이 정말 중요하겠지요?

▶ 3분 미션 _ □ ×

뇌를 쓰는 데 에너지가 얼마큼 필요할까?

에너지가 두뇌 활동에 어떤 영향을 주는지 알아볼까요?

1. 사전을 펴서 맨 앞 쪽의 단어를 차례로 20개 읽어요. 그리고 나서 사전을 덮어요.

2. 숫자를 1~30까지 센 뒤에 기억나는 단어를 적어 보아요.

위의 실험을 정신이 맑은 오전 시간에 한 번 하고, 몸이 피곤해진 저녁 시간에 다시 해 보아요. 단어를 언제 더 많이 기억하나요?

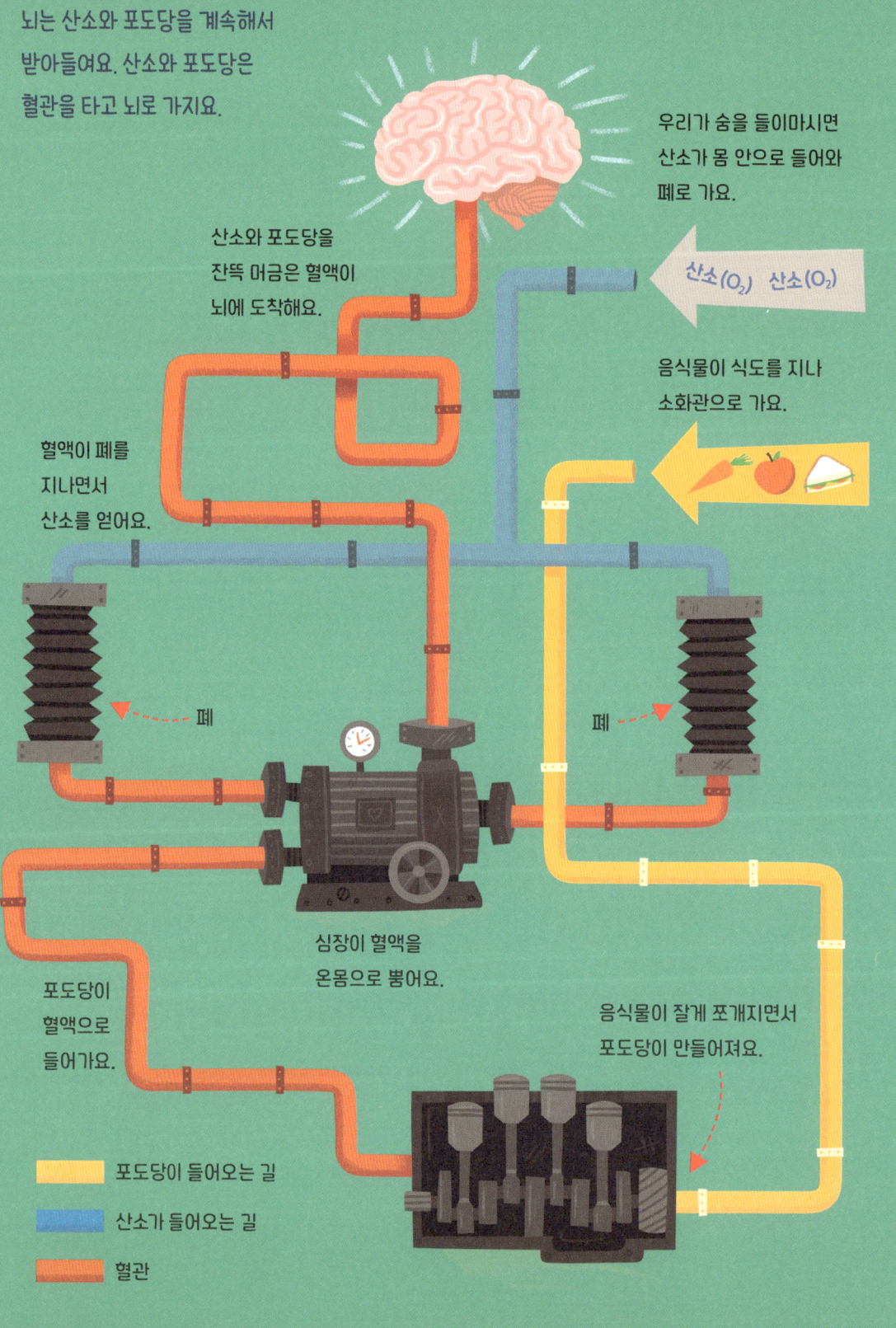

머리에 쏙쏙!
뇌 용어 사전

뇌들보(뇌량) 굵은 신경 다발이에요. 대뇌의 좌반구와 우반구를 연결해요.

뇌막 뇌를 덮고 있는 조직층이에요. 뇌를 보호하는 역할을 하지요.

뇌줄기(뇌간) 뇌의 아래쪽 부위로, 뇌와 척수를 연결해요.

뇌척수액 머리뼈 내부에서 뇌를 둘러싸고 있는 맑은 액체예요. 뇌를 보호하고 영양을 공급하지요.

대뇌 뇌에서 가장 큰 부위로, 기억과 사고, 감정의 처리를 담당해요. 감촉 등 감각도 담당하지요.

대뇌 겉질 대뇌 피질이라고도 불러요. 대뇌 바깥의 겉층이에요.

세포 생물을 구성하는 작은 단위예요. 우리 몸은 수많은 세포로 이루어져 있어요.

소뇌 뇌의 한 부분으로, 몸의 여러 움직임을 조절하고 몸의 균형을 유지해요.

시상 감각 기관에서 신호를 받아 뇌의 다른 부위로 전달해요.

신경 신경 세포로 이루어진 긴 섬유의 집합을 말해요. 뇌와 몸의 다른 부위 사이에서 신호를 전달해요.

척수 신경 섬유로 이루어진 굵은 다발이에요. 척추로 둘러싸여 두뇌의 밑부분부터 뻗어 있지요. 그 덕분에 뇌가 신체 활동을 조절할 수 있어요.

포도당 혈액을 타고 온몸을 돌며 세포의 에너지로 쓰여요. 음식물이 쪼개지는 과정에서 포도당이 생겨나요.

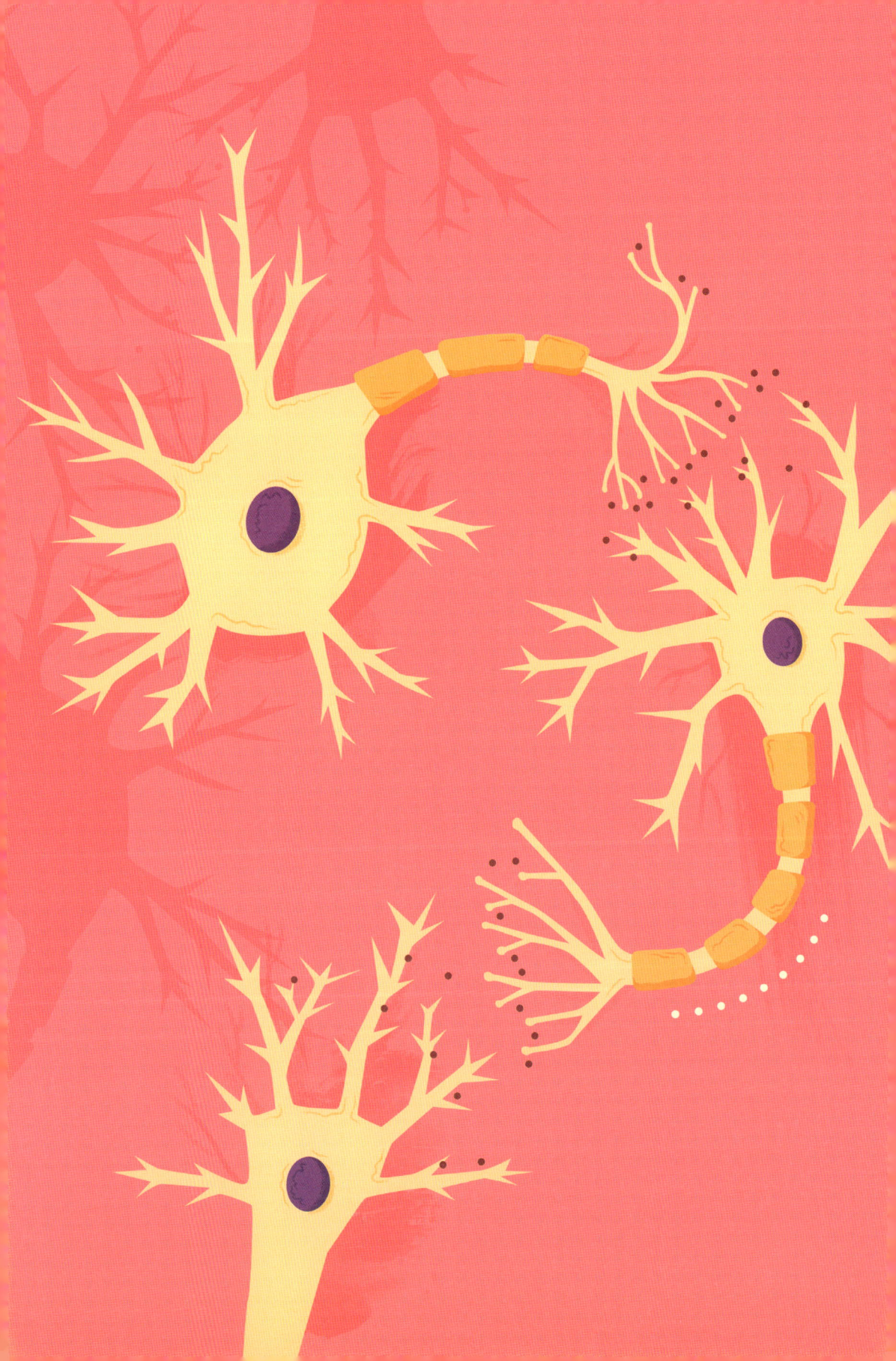

이래 봬도 소통의 왕

우리 뇌는 놀랄 만큼 수다스러워요. 뇌의 모든 부위가 서로 끊임없이 이야기를 주고받는 것도 모자라, 매 순간 뇌 밖의 기관으로 온갖 지시를 내리거든요. 온몸과 소통하고 적절한 지시를 내리는 일이야말로 뇌의 특기라고 할 수 있어요.

뇌는 두 가지 방식으로 몸과 소통해요. 한 가지는 혈액으로 화학 물질을 내보내는 것이고, 또 한 가지는 신경망을 통해 전기 신호를 전달하는 거예요.

뉴런은 이어달리기 선수?

#뉴런 #신경 세포 #전기 신호 #시냅스 #신경 전달 물질

영리한 수다쟁이 뇌는 신경 세포인 '뉴런'으로 이루어져 있어요. 뉴런은 미세한 전기 신호를 이용해 정보를 전달하지요. 이 신호는 최대 시속 480킬로미터의 속도로 뉴런과 뉴런 사이를 질주한답니다.

뉴런은 모래 알갱이 한 개에 수천 개쯤 들어갈 수 있을 만큼 아주아주 작아요. 사람의 뇌에는 뉴런이 약 900억 개 있어요. 고양이의 뇌에는 약 7억 6천만 개, 달팽이의 뇌에는 고작 11,000개밖에 없다지요.

뉴런의 양 끝에는 '시냅스'라는 미세한 틈이 나 있어요. 뉴런을 지나온 전기 신호가 이 시냅스를 건너야 하는데, 이때 신경 전달 물질이 도움을 주어요.

▶ 3분 미션

뉴런이 되어 연쇄 반응 놀이를 해 봐!

준비물 : 종이 1장, 펜 1개

1. 친구들을 한 줄로 나란히 서게 해요. 이제부터 친구들의 손이 뉴런이에요.

2. 맨 앞에 선 친구가 종이에 메시지를 적어 공처럼 동그랗게 뭉쳐요. 종이 공이 바로 신경 신호예요.

3. "시작!"과 동시에 종이 공을 옆 사람에게 전달해요.

4. 맨 끝에 선 친구가 메시지를 읽을 때까지 얼마나 걸렸나요?

장담하는데, 우린 절대로 뉴런보다 빠르지 못해요!

뉴런은 다른 뉴런에서 신호를 받아 또 다른 뉴런으로 전달해요.

사방으로 뻗어 있는 가지돌기가 다른 뉴런에서 오는 신경 신호를 모아요.

핵
(뉴런의 통제 센터)

시냅스

전기 신호

축삭 돌기가 세포체에서 나온 신경 신호를 전달해요.

신호가 시냅스를 뛰어넘어 다음 뉴런으로 가도록 신경 전달 물질이 도와주어요.

뉴런이 메시지를 전달하는 방식은 이어달리기 선수들이 바통을 전달하는 것과 비슷해요.

🔍 머리가 좋아지는 비법은?

#신경망 #뉴런 #연결고리

뉴런은 저마다 수천 개의 다른 뉴런과 연결을 만들어요. 그렇게 합쳐져서 거대한 '신경망'이 생겨나지요. 컴퓨터 회로보다 더 복잡하고 거대한 망이에요.

뇌에서 뉴런들이 연결을 공유하면서 새로운 고리들을 만들 때 학습이 이루어져요. 뭔가를 기억하고 새로운 기술을 익히는 과정에서 연결망이 달라질 때도 그렇고요. 그러니까 우리를 똑똑하게 만드는 건 뉴런과 뉴런의 사이의 수많은 연결이에요!

뇌는 살아가는 동안 계속해서 새로운 연결을 만들고 낡은 연결을 잘라 내어요.

기존의 연결도 강해지거나 약해질 수 있어요. 연결이 강해지는 건 신호가 자주 지날 때예요. 여러분이 새로운 피아노 곡을 연습할 때처럼요!

새로운 연결이 생겨나고 강해지면서 서툴던 기술이 차츰차츰 익숙해져서 수월하게 느껴지겠지요.

▶ 여기서 잠깐!

쉼 없이 변하는 뇌

우리 뇌는 끊임없이 달라져요. 특히 태아 시절과 출생 직후에 가장 빠르게 성장하지요. 그 시기에는 새로운 뉴런이 1분에 25만 개씩 만들어진다고 해요. 그러다가 나이가 들면서 뉴런들이 하나둘 죽기 시작하고, 뇌 속의 연결 고리들도 점점 줄어들지요. 말하자면 여러분의 뇌가 부모님의 뇌보다 지금은 더 뛰어난 셈이에요!

뇌는 새로운 기술을 배우고 익히기 위해 스스로 신경망을 재배열하고 새로운 연결 고리를 만들어요.

저글링처럼 새로운 동작을 배우고 익히는 데는 시간이 좀 걸려요. 머리 속 뉴런들이 서로서로 연결되어야 하니까요.

일단 연결이 되면 신호가 많이 지나다닐수록 강해져요. 그러니까 연습은 필수랍니다!

연결 고리가 튼튼해지면 어려워하던 동작이 쉽게 느껴져요.

내 발가락을 꼼지락거리게 하는 건?

#감각 신경 #운동 신경 #시각 신경 #말초 신경

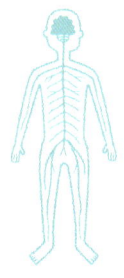

신경 세포는 뇌에만 있는 것이 아니에요. 거대한 신경망이 온몸에 뻗어 있거든요. 뇌 바깥의 신경을 한 줄로 길게 늘어놓으면 길이가 75킬로미터에 이를 거예요!

신경은 한 올 한 올이 신경 세포로 이루어진 섬유 다발이에요. 머리카락 한 올보다 가는 것도 있고, 지름이 2센티미터나 되는 것도 있지요.

신경은 일방통행로하고 비슷해요. 신호가 한 방향으로만 가기 때문에 서로 부딪치지 않지요. '감각 신경'은 몸의 정보를 전달하기 위해 등에 길게 뻗은 척수를 지나 뇌로 가요. '운동 신경'은 뇌의 지시를 지니고 몸으로 가서 우리를 움직이게 만들어요.

'시각 신경'처럼 뇌로 곧장 가는 신경도 있어요. 그렇지만 신경의 대부분은 말초 신경에 속해서, 신경의 고속도로나 다름없는 척수를 지나요. 말초 신경계는 몸의 정보를 뇌로 전달한 뒤 뇌의 지시를 다시 몸으로 전달하지요.

▶ 3분 미션

반응 능력 테스트

준비물 : 30센티미터 자

1. 친구에게 자를 높이 잡아 달라고 해요.

2. 두 엄지와 집게손가락을 자의 양 끝에 가져가되, 자에 닿지는 않게 하고 기다려요.

3. 친구에게 예고 없이 자를 떨어뜨려 달라고 한 다음, 엄지와 집게손가락만을 이용해서 자를 잡아 보아요. 자가 떨어진 간격이 짧을수록 반응이 빠른 거예요.

- 0~8센티미터 : 무척 빠르네요!
- 16~21센티미터 : 다른 친구들과 비슷해요.
- 28센티미터 이상 : 느려요.

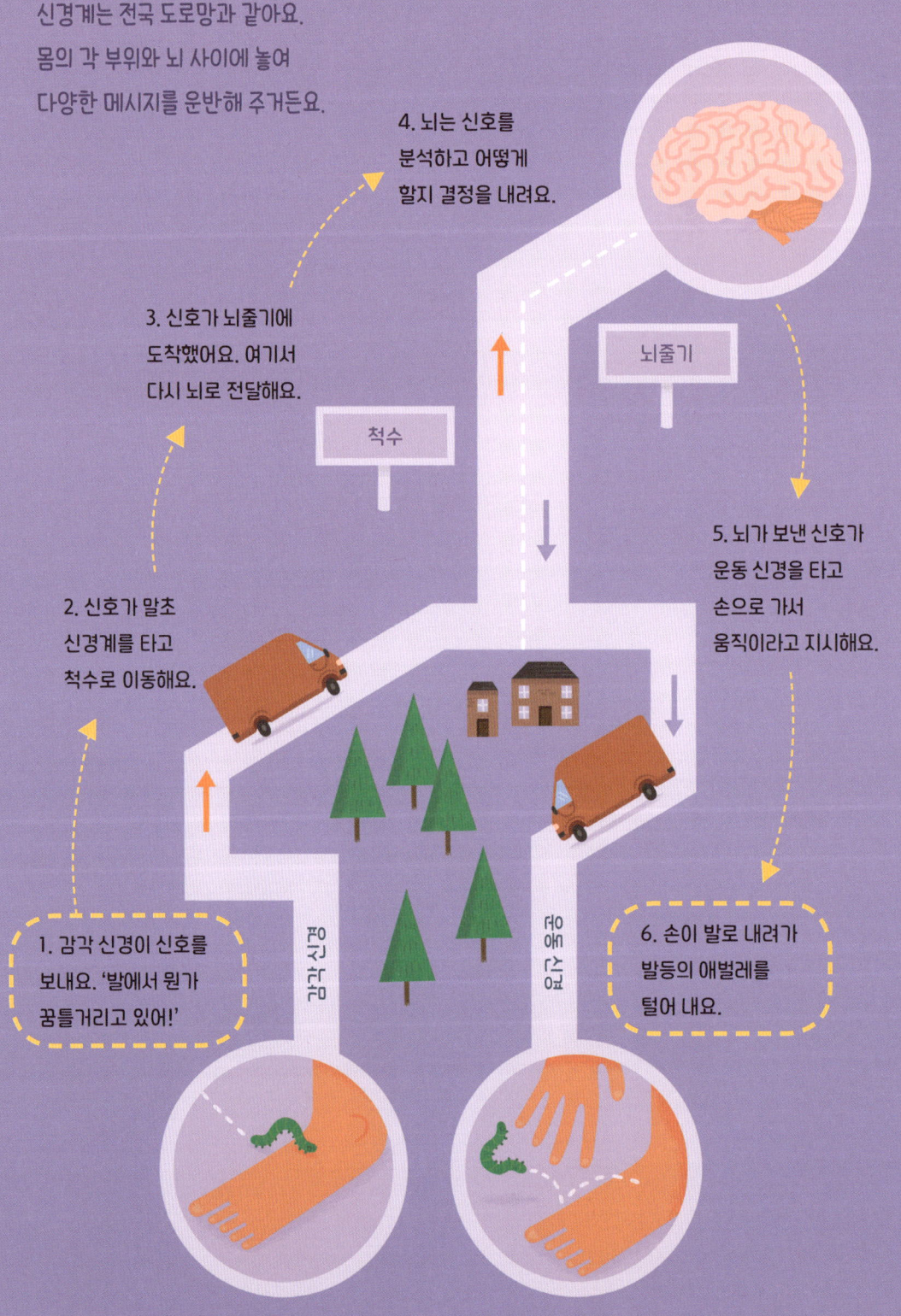

우리 몸의 긴급 방어 체계

#반사 작용 #도피 반사

척수의 무게는 조금 큰 크기의 딸기 한 알 정도예요(35그램쯤이죠). 하지만 척수가 하는 일은 매우 놀라워요. 매 순간 몸과 뇌 사이에서 신호를 전달하거든요. 그뿐만 아니라 뇌를 거치지 않고 벌어지는 빠른 반응도 조율하지요. 이를 '반사 작용'이라고 해요.

반사 작용은 몸의 여러 부위에서 출발한 신경 신호가 척수를 돌아 나오는 과정이에요. 척수가 신호를 보내면 반사 작용이 번개 치듯 순식간에 일어난답니다.

반사 작용은 우리 몸을 지키는 긴급 방어 체계예요. 뜨거운 주전자나 날카로운 유리에 무심코 손을 대 본 적이 있나요? 생각할 겨를도

없이 손을 뒤로 홱 잡아 뺄 거예요. 우리가 더 데거나 베이지 않도록 '도피 반사'가 작동한 거랍니다.

기침이나 재채기도 반사 작용의 일종이에요. 기침이나 재채기를 해서 먼지나 콧물 등 간지러운 물질들을 우리 목구멍에서 제거하지요.

> ▶ 3분 미션
>
> ### 동공의 반사 작용
>
> 1. 조명을 어둡게 한 방에서 친구와 나란히 선 다음, 1~50까지 세고서 친구의 동공을 관찰해요.
>
> 2. 조명을 다시 환하게 밝힌 다음, 또 한 번 친구의 동공을 관찰해 봐요. 동그라미가 커졌나요, 아니면 작아졌나요?
>
> 3. 반사 작용이 동공의 크기를 작게 만들어요. 너무 밝은 빛이 들어와 눈이 다치게 되는 일을 막는 거예요.

메시지가 척수에서 직접 나오는 건 빨리 반응하기 위해서예요.

살갗이 뾰족한 가시를 건드리면 감각 신경 신호가 일어나요.

운동 신경의 신호가 손과 팔의 근육에 얼른 수축하라고 지시해요.

신호가 척수에 들어가면 반사 작용이 일어나요.

따가운 가시에서 재빨리 물러나요.

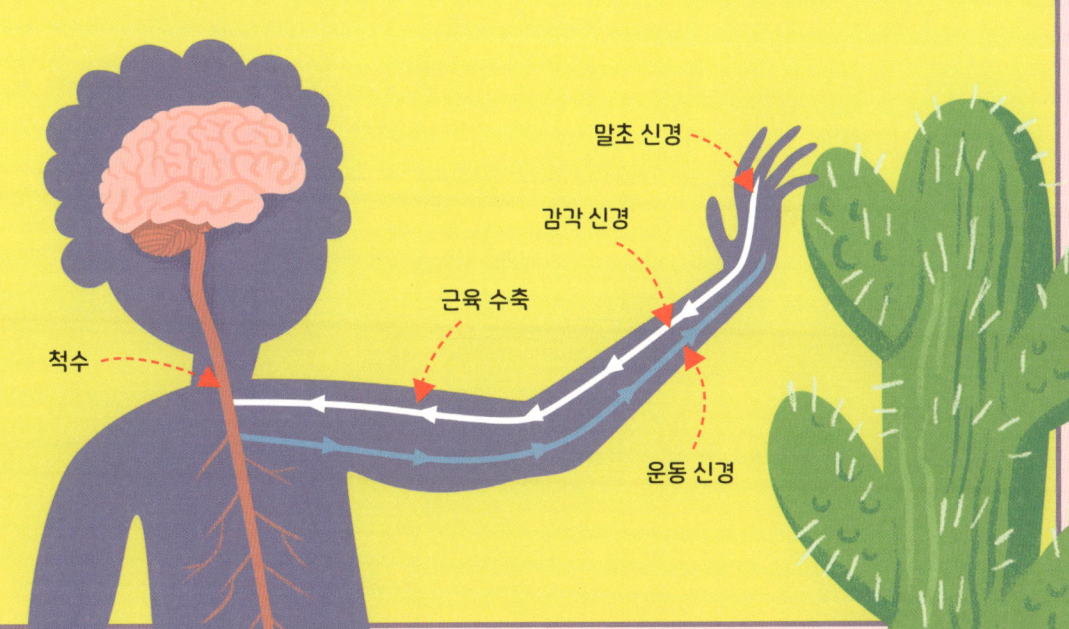

말초 신경

감각 신경

근육 수축

척수

운동 신경

우리 몸의 감각 기관

제아무리 뇌가 놀라울 정도로 뛰어나다고 해도, 우리에게 감각이 없다면 어떻게 될까요? 우리 몸의 감각 기관은 뇌에 우리가 살아가는 세상에 대한 중요한 정보를 제공해요.

그러니 감각이 없다면 우리는 아무것노 경험하지도, 배우지도 못하겠지요. 또 과거에 벌어진 일을 하나도 기억으로 남기지 못할 거예요.

주요 감각은 시각, 청각, 후각, 미각, 촉각이에요. 아, 다른 감각들도 있답니다. 함께 살펴볼까요?

피자 냄새로 맛을 느낀다고?

#후각 #후각섬모 #후각망울

　땀에 젖은 양말의 고린내에서 갓 구운 피자의 군침 도는 향내까지……, 우리의 후각은 수없이 다양한 냄새를 식별하고 있어요.

　후각은 콧구멍 위편에 있는 우표만 한 점막에서 담당해요. 여기에 미세한 털이 촘촘히 나 있는데, 이걸 '후각 섬모'라고 하지요. 후각 섬모는 냄새를 유발하는 분자를 알아차리고, 뇌 아래쪽에 있는 '후각 망울'로 신호를 보내요.

　그렇게 후각 신호는 후각 망울을 거쳐 뇌로 직접 전달되어요. 다른 감각과 다르게 후각은 같은 쪽의 뇌가 처리하지요. 왼쪽 콧구멍으로 맡은 냄새는 왼쪽 뇌가 담당하는 거예요.

또한 후각은 여러분이 음식의 맛을 더 잘 느끼도록 도와주어요. 우리의 입천장과 혀에 있는 수천 개의 '맛봉오리'들이 신호를 보내서 단맛, 신맛, 쓴맛, 짠맛, 감칠맛을 느끼게 하거든요.

이렇게 뇌는 맛과 냄새를 모두 동원해서 음식의 풍미를 파악한답니다. 그래서 감기에 걸려 코가 막히면 음식에서 아무 맛도 못 느끼는 거예요.

▶ 3분 미션

맛으로만 과일을 맞춰 봐!

준비물 : 배, 사과, 안대, 친구들

1. 안대로 친구들의 눈을 가리고 코를 손으로 쥐게 해요.

2. 친구들 앞에 사과 한 접시와 배 한 접시를 놓은 다음, 차례로 맛보도록 해요. 친구들이 과일을 잘 구별했나요?

3. 이제 코를 쥔 손을 떼고 과일을 맛보게 해요.

어때요? 친구들이 과일을 제대로 맞췄나요?

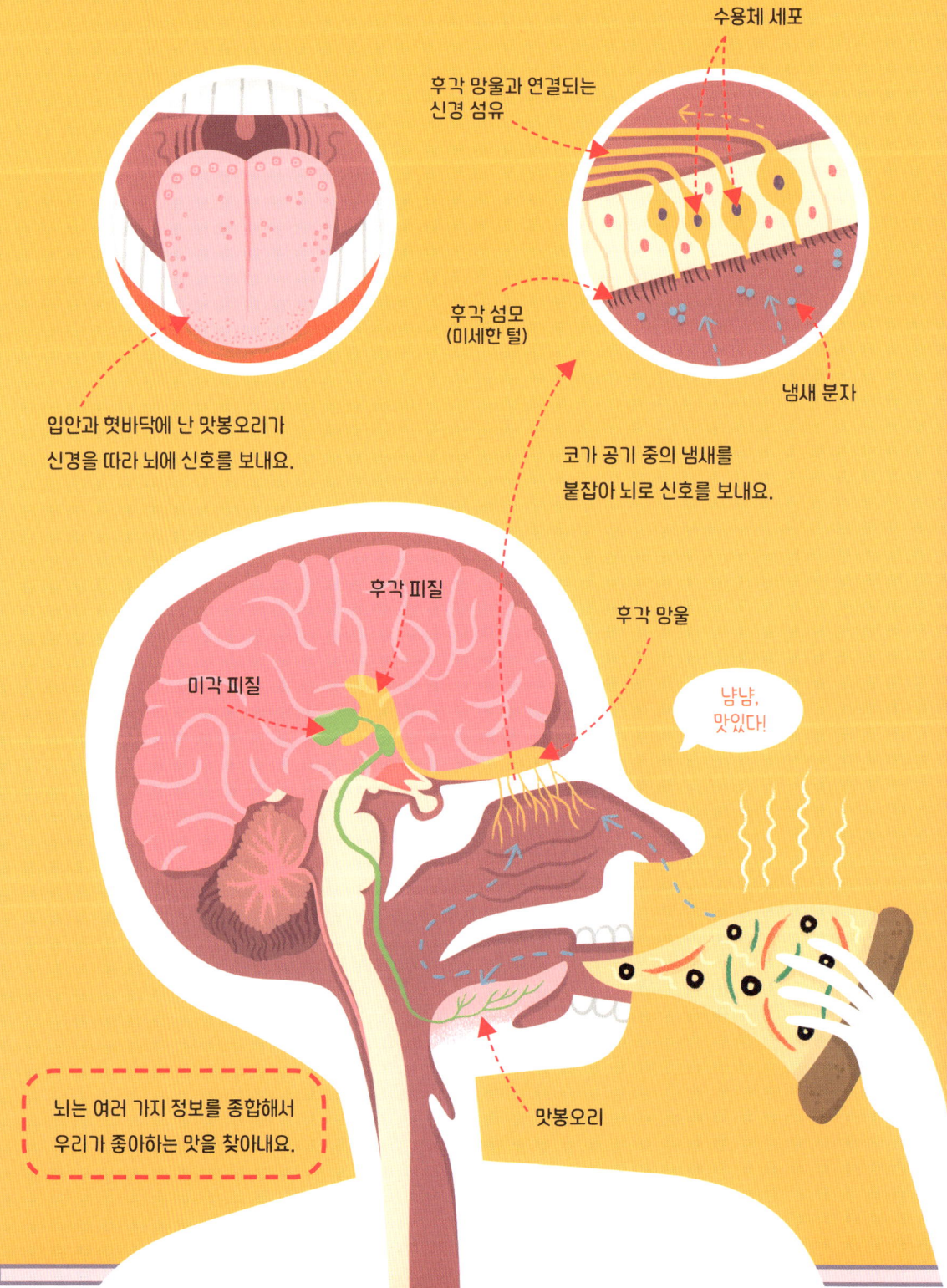

누가 누가 잘 듣나?

#진동 #청각 #고막 #달팽이관

소리는 진동을 통해 귀에 닿아요. 아름다운 기타 선율에서 친구가 부르는 소리까지, 청각이 있어서 일일이 구별을 하는 거지요.

사실 우리의 말랑한 두 귀는 그저 소리를 모을 뿐이에요. 복잡한 과정은 머리에서 이루어지거든요. 귀로 들어간 소리는 고막을 진동시켜요. 이 진동을 고막 안쪽 세 개의 뼛조각(이소골)이 더욱 키우고요.

이렇듯 커진 진동이 달팽이관으로 들어가면, 관 안의 미세한 털들이 움직여 전기 신호로 바꾸어요. 이 신호가 신경을 타고 뇌로 전달되면, 뇌는 소리를 해석한 뒤 기억에 있는 소리인지 판별하지요.

사실, 우리가 소리를 양쪽 귀로 듣는다는 건 엄청난 행운이에요! 뇌는 소리의 방향을 찾을 수 있거든요. 소리와 가까운 쪽의 귀가 간발의 차이로 먼저 듣고, 반대편 귀가 듣기 전에 얼른 뇌로 신호를 보낸답니다.

▶ 3분 미션

귀를 속여라!

준비물 : 플라스틱 깔때기 2개, 30센티미터 길이의 가느다란 비닐 호스 2개, 접착테이프

1. 비닐 호스를 깔때기의 좁은 끝에 하나씩 연결한 다음, 호스의 끝을 양쪽 귀에 조심스럽게 대어요.

2. 머리 위에서 호스를 엇갈려 깔때기 입구를 반대편으로 향하게 해요.

3. 눈을 감아요. 친구에게 주위를 돌면서 이름을 불러 달라고 해요. 이름이 들리면 친구가 있을 것 같은 방향을 가리키는 거예요.

방향이 맞았나요? 누구나 틀릴 확률이 높아요. 청각이 엇갈렸기 때문이에요.

소리는 고막에서 진동한 뒤, 전기 신호로 바뀐 다음 뇌로 가서 해석되어요.

청각 세포가 전기 신호를 뇌로 전달해요.

세 개의 자그마한 뼈(이소골)들이 진동을 더 크게 해요.

달팽이관이 진동을 전기 신호로 바꾸어요.

소리는 바깥귀길(외이도)을 따라 안으로 이동해서 고막을 진동시켜요.

바깥귀가 깔때기처럼 소리를 모아요.

소리가 나는 곳이 자꾸 움직이면, 뇌는 소리가 들려오는 방향을 계속 파악해야 해요.

어떤 소리는 너무 높아서 사람은 듣지 못해요. 개 훈련용 호루라기의 소리도 우리는 들을 수 없죠.

양쪽 눈이 세상을 다르게 본다고?

#망막 #동공 #수정체 #시각 신경

우리가 앞을 볼 수 있는 건 물컹한 액체로 채워진 볼록하고 작은 두 개의 공 덕분이에요. 눈치챘나요? 그래요, 바로 눈이에요.

눈이 빛을 받아들이면, 빛은 각막(투명한 눈의 방어막)을 지나 동공을 통과한 뒤 수정체에 닿아요. 수정체는 초점을 맞추어서 빛이 눈 안쪽의 망막에 맺히게 하지요.

망막에는 1억 개가 넘는 신경 세포가 있어요. 이 신경 세포들이 들어온 빛을 신경 신호로 만들어요. 신호가 시각 신경을 따라 시상을 거쳐 뇌 뒤편의 '뒤통수엽'에 도착해요. 마지막으로 뇌는 색깔을 감지하고 대상을 식별해서 주어진 정보를 알아차리지요.

오른쪽 눈과 왼쪽 눈은 서로 5센티미터가량 떨어져 있어요. 그래서 대상을 미묘하게 다른 각도에서 보고, 그만큼 미묘하게 다른 정보를 뇌로 보내요. 뇌는 이 차이를 이용해서 정보를 파악하고 세상을 입체적으로 구성하지요.

▶ 3분 미션

손바닥에 구멍을 내 볼까?

준비물 : 키친타월 심

1. 키친타월 심을 오른쪽 눈앞에 대고, 두 눈을 모두 써서 무늬 없는 벽을 15초 동안 집중해서 보아요.

2. 손을 왼쪽 눈앞으로 들어요.

손바닥에 구멍이 생긴 것처럼 보일 거예요! 뇌가 두 눈이 본 광경을 하나의 상으로 처리했기 때문이지요. 뇌가 원통에서 어둡게 보이는 부분을 빼고 오직 끝의 구멍에만 초점을 맞추어, 그 구멍이 왼쪽 눈이 본 손과 겹쳐지는 거예요.

착시는 여러분의 뇌를 속여 실제의 모습이 아닌 다른 모습을 보게 해요.

1. 어떤 동물이 보이나요?

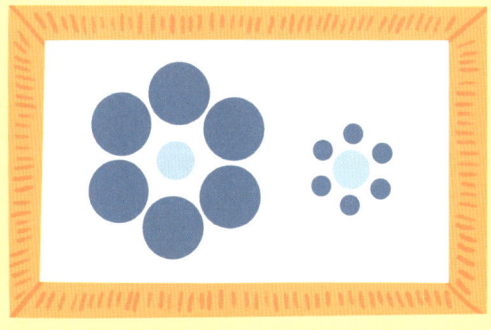

2. 두 개의 하늘색 공 중 어느 쪽 공이 더 클까요?

3. 그림 속 대각선들은 서로 평행일까요?

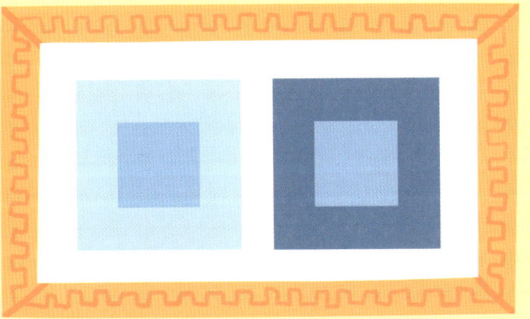

4. 사각형 안 사각형의 색 중 어느 쪽이 더 밝을까요?

머리에 쏙쏙!
뇌 용어 사전

달팽이관 귀 안쪽에 말려 있는 관으로 용액으로 채워져 있어요. 소리의 진동을 전기적 신경 신호로 바꾸어요.

동공 우리 눈 가운데에 있는 까만 구멍이에요. 홍채로 둘러싸여 있고, 눈으로 빛이 들어오게 해요.

망막 눈의 가장 안쪽 부위예요. 빛을 감지하는 신경 세포로 덮여 있어요. 망막의 신경 세포는 빛을 전기적 신호로 바꾸어요.

자기 수용 감각 몸의 위치와 자세, 움직임을 아는 감각이에요.

진동 물체의 미세한 떨림이에요.

후각 망울 뇌의 한 부위로 길쭉한 뿌리 식물 모양이에요. 코의 신경 세포가 보내는 냄새 신호를 받아들여요.

기억을 생성하고 정리하는 뇌

이름이 뭐예요? 어디에 살아요? 가장 친한 친구는 누구예요? 대한민국 수도는 어디일까요? 질문의 답은 우리 기억에 있어요. 사소하고 중요한 모든 사실이 기억에 담겨 있지요. 기억이 없다면 우리는 아무것도 알지 못할 거예요. 기억 넉택에 온갖 생각과 경험과 사실을 저장해 두었다가 필요할 때 꺼내 올 수 있지요.

반가운 소식 하나 알려 줄까요? 기억에는 여러 종류가 있는데, 요령을 활용하면 지금보다 좋아지게 할 수 있답니다!

즐거운 일만 오래오래 기억하기

#감각 기억 #단기 기억 #장기 기억

감각 기억은 가장 짧고 빠른 기억이에요. 소리, 광경, 손가락 끝에 닿은 촉감 등 감각 기관이 수집한 정보지요. 감각 기억은 보통 0.5초도 안 되어서 사라져요.

그 가운데서 뇌의 흥미를 끈 정보는 단기 기억으로 전달되어요. 이를테면 수학 문제를 풀 때 문제를 다 읽고 처음의 내용을 기억하는 것을 단기 기억이라고 해요. 그러니 단기 기억이 없다면 우리는 매우 혼란스러울 거예요. 이 문장도 끝까지 읽을 때쯤이면 첫 마디는 어느새 잊고 말 테니까요!

단기 기억은 5~9개 항목을 20~30초 정도 유지할 수 있어요. 그사이에 뇌의 흥미를 끌지 못하면 기억에서 빠져나가 그대로 잊히지요. 만약 뇌가 단기 기억의 어떤 항목에 흥미를 느끼면, 그 항목은 장기 기억으로 전달될 가능성이 생겨요! 우리의 가장 중요한 기억 저장 창고로 가는 거지요.

▶ 3분 미션 　　　　　　　　　　　　　　　 _ □ ×

단기 기억 테스트

1. 친구 두 명을 먼저 방으로 들어가게 해요. 여러분은 뒤따라 들어가서 30초 동안 방 안을 둘러보면서, 보이는 정보를 최대한 많이 기억하도록 해요.

2. 그런 다음 방에서 나와 1분 동안 기다려요. 여러분이 기다리는 동안, 친구들이 방 안에 12가지 변화를 만들 거예요. 자리를 바꾸어 선다거나, 옷을 바꿔 입거나, 물건들을 이리저리 옮겨 놓을 수도 있겠죠.

3. 이제 다시 방으로 들어가서 안을 살펴봐요.

달라진 점을 몇 가지나 찾았나요?

감각이 수집한 정보 중에서 일부는 단기 기억으로 전달되고, 그중에서 다시 일부가 장기 기억으로 들어가요.

작년 여름에 바다에서 정말 더웠던 날 기억 나? 그때 끝내주게 멋진 사람이 서핑을 했지?

감각 기억 : 뇌는 보이는 장면과 들리는 소리, 풍기는 냄새 등의 감각 정보를 약 0.5초 정도 유지해요.

단기 기억 : 뇌는 감각 기억의 정보에서 일부를 20~30초 동안 단기 기억에 저장하고, 나머지 정보는 잊어요.

장기 기억 : 우리가 단기 기억에서 주의를 기울이는 항목은 장기 기억에 저장될 수 있어요.

🔍 우리는 왜 자꾸 잊어버릴까?

#기억 #망각 #간섭

우리에게는 기억하지 않는 것도 필요한 일이에요. 그래야 뇌가 중요한 사실과 기억만을 저장할 수 있으니까요. 그런데 때로는 친구 생일이나 수업 준비물처럼 아주 중요한 것들도 잘 기억나지 않을 때가 있지요?

이렇듯 기억이 우리의 기대를 저버리는 데에는 여러 가지 이유가 있어요. 우선 기억이 만들어질 때 온전히 집중하지 못하면 뇌에 저장되는 과정이 잘 이루어지지 않아요.

간섭도 우리가 망각하는 이유 중 하나예요. 간섭은 여러 기억이 경쟁할 때 벌어져요. 새 비밀번호를 외우고 나면 이전 번호는 기억이 안

날 수 있지요. 어떤 장소를 자주 간다면 거기서 친한 친구를 만났던 날을 콕 집어 기억하기 어려울 거고요.

사실 서로 연결되어 있지 않은 기억은 떠올리기가 힘들어요. 우리 뇌는 서로 다른 정보를 연관시키길 좋아하는데, 뭔가를 보거나 생각할 때 연관된 다른 것을 떠올리는 걸 연상이라고 해요. 그래서 새로운 정보를 이미 알고 있는 정보에 연결시키면 기억하기가 훨씬 쉬워요.

▶ 3분 미션

기억 릴레이 게임

이 게임에는 최소한 세 사람이 필요해요.

1. 먼저 한 사람이 수학여행에 가져갈 물건을 한 가지 외쳐요.

2. 다음 사람이 1번 친구의 물건을 외치고 자신의 물건을 하나 추가해요.

3. 이렇게 이전 품목에 한 가지를 더하는 방식으로 계속하는 거예요. 물건이 새로 나올 때마다 앞서 나온 물건에 연관시켜 보아요.

어때요, 기억하는 데 도움이 됐나요?

우리가 심부름 목록같이 세세한 것들을
자주 잊어버리는 이유를 살펴볼까요?

게임 그만하고 마트에 가서 토마토 통조림 두 캔, 롤빵 여섯 개, 그리고 햄 좀 사다 줘.

주의를 기울이지 않으면 정보가 기억에 정확하게 저장되지 못해요.

안녕! 난 슬라이스 치즈하고 자두를 사러 왔어. 훈제 콩 세 캔하고.

내가 뭘 사려 했더라? 자두 통조림 두 캔, 롤빵 세 개, 아, 슬라이스 햄이지. 아니, 잠깐만! 치즈였나?

새로운 기억이 지나간 기억을 방해할 수 있어요.

비밀번호 쉽게 외우는 방법

#덩이 짓기 #기억술

 기억을 돕는 방법에는 연상뿐 아니라 '덩이 짓기'도 있어요. 덩이 짓기는 긴 정보를 기억하기 쉽게 작은 덩어리로 나누는 거예요.

 길게 이어진 숫자를 짧게 나누면 기억하기 쉬워요. 이 방식은 새로운 기술을 익힐 때도 활용할 수 있지요. 예를 들어, 테니스에서 서브하는 법을 세 개로 덩이 짓기해 볼까요? 볼을 공중으로 띄우고, 라켓을 뒤로 뺀 다음, 앞으로 크게 휘둘러요.

 그리스 신화 속 기억의 여신 '므네모시네'의 이름에서 기억술을 뜻하는 영어 단어 '니모닉'이 나왔어요('므'를 발음하지 않으면 비슷하죠). 순서대로 외워야 하는 단어들로 짧은 문장을 만드는 것도 기억술의

한 가지예요.

예를 들어, 고구려의 도읍을 천도한 순서대로 외워야 한다면 "졸려도 국수는 평평하게 펴야 제맛" 같은 문장을 붙일 수 있겠지요(졸본성-국내성-평양성).

외워야 할 것의 첫 글자만 따서 외울 수도 있어요. 태양계의 행성 이름을 태양계에서 가까운 순서대로 외울 때 '수금지화목토천해'라는 문장을 만들어 외우면 조금은 쉽게 기억할 수 있어요. 여러분도 직접 자기만의 기억술을 만들어 보아요!

▶ 3분 미션 _ ☐ ✕

기억의 궁전 짓기

1. 기억의 궁전을 지어서 아래에 제시된 낱말을 외워 볼까요? 아래의 낱말을 집 안 곳곳에 배치해 보아요. 예를 들어, 계단은 에베레스트산이라고 생각하고, 문어는 욕조에 둘 수 있겠네요!

    낱말 : 얼룩말, 독수리, 악어, 사자, 스컹크, 자동차, 펭귄, 바나나, 에베레스트산, 문어

2. 다음 날, 기억의 궁전 속 집안을 돌아다녀 보아요. 낱말이 몇 개나 기억나나요?

덩이 짓기나 연상 같은 기법을 활용해서
꼭 기억해야 할 정보를 외울 수 있어요.
'226813'이라는 긴 비밀번호를 외워 볼까요?

먼저 비밀번호를 작은 덩이로 나누어요.

나눈 숫자 덩이를 머릿속으로 내 방의 어울리는 장소에 배치해요.

새로운 기억인 숫자를 과거의 또렷한 기억에 연결할 수도 있어요.

내 방 창문은 두 칸으로 된 창이 쌍으로 두 개 있지. 할아버지 연세는 68세이고.

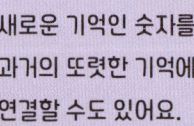

2013년은 13으로 끝나. 2013년은 우리 학교 축구팀이 마지막으로 우승한 해야!

머리에 쏙쏙!
뇌 용어 사전

감각 기억 감각에서 받아들인 정보를 저장하며, 아주 짧은 시간만 저장되어요.

기억술 기억을 보조하는 기법이에요. 예를 들면, 외우기 어렵게 나열된 사실에 문구나 운율을 붙여 외울 수 있지요.

단기 기억 대략 30초 동안 저장되며, 기억할 수 있는 항목은 적게는 다섯 가지에서 많게는 아홉 가지밖에 되지 않아요.

덩이 짓기 덩치가 큰 정보를 기억하기 쉽도록 작은 덩이로 나누는 방법이에요.

연상 어떤 대상이나 장소나 사람을 보면서 다른 생각이나 느낌이나 기억이 떠오르는 걸 말해요.

인식 보이는 것이 기억 속에 있는 것과 같은지 아는 것을 뜻해요.

장기 기억 기억의 한 종류로, 경험과 사실을 오랫동안 저장할 수 있어요.

회상 예전에 배운 것이나 과거에 벌어진 일을 떠올리는 것이에요.

뇌, 감정이 태어나는 곳

우리 뇌는 외부 세계를 해석하고 인지할 뿐 아니라 행복, 슬픔, 놀람 등 다양한 감정과 느낌을 끊임없이 만들어 내요. 이러한 감정은 영향력이 커서 우리가 행동하는 방식을 달라지게 할 수 있지요.

예를 들어, 먼 옛날 우리 조상들은 두려움이라는 감정 덕에 살아남을 수 있었거든요. 오늘날에도 감정은 뇌가 기억을 형성하고 결정을 내리는 일을 보조할 뿐 아니라, 우리가 위험에 다가가지 않도록 돕고 있어요. 뇌가 우리의 행동에 영향을 주고 있는 거예요!

행복을 느끼는 게 뇌 덕분?

#감정 #편도체 #대뇌변연계

두려움, 분노, 행복, 슬픔, 불쾌감, 놀람. 과학자들은 우리에게 이렇게 여섯 가지 기본 감정이 있다고 말해요. 감정은 우리가 무언가를 경험하고 보이는 반응이에요. 그래서 우리가 세상을 이해하고 결정을 내리는 방식에 영향을 미친답니다.

감정에는 뇌와 생각만 관여하는 것이 아니에요. 감정은 뇌가 감지하는 생리적 반응이거든요. 우리가 즐거운 일을 경험하면 근육이 풀리고 심장이 천천히 뛰지요. 뇌는 신체의 이런 변화를 알아차리고 이름을 붙여요. "이건 행복이야!"라고요.

감정은 편도체와 뇌 안쪽 여러 부위에서 일으킨다고 해요. 이 기관들을 '대뇌변연계'라고 하지요. 주로 대상에 대해 생각하기도 전에 순식간에 발생해서, 몸이 행동할 준비를 하게 해요. 불쾌한 장면에서 고개를 돌리고 썩은 음식에서 물러날 수 있도록 말이지요.

물론 자부심, 죄책감, 사랑과 같이 다른 느낌도 많지만, 그런 느낌은 여러 면에서 기본 감정들과 달라요. 왜냐하면 그런 느낌들은 저절로 일어나지 않는 데다가, 늘 생리적 반응이 포함되는 것도 아니거든요. 주로 먼저 어떤 사람이나 대상, 일을 떠올려야 따라오지요.

▶ 여기서 잠깐!

기억에 영향을 주는 감정

강렬한 감정은 우리 기억에까지 영향을 미친다는 사실을 알고 있나요? 기르던 반려동물이 떠나 깊은 슬픔에 잠길 때, 우리 뇌는 온 정신을 집중해 많은 것을 보아요. 훗날 그날의 기억은 세세한 것까지 회상할 수 있지요. 그래서 감정이 격했던 순간은 나중에 회상하면 당시 벌어진 일뿐 아니라 그때 느낀 느낌까지 세세히 기억날 때가 많답니다.

뇌가 감정을 일으키면 몸이 행동에 나서요.

썩은 음식의 냄새를 맡으면 구역질이 나면서 고개를 돌리게 돼요.

나쁜 말을 들으면 화가 나서 반박하게 되지요.

시험에서 만점을 받으면 행복감을 느끼며 그런 경험을 반복하고 싶어져요.

위협이 보이면 두려워지면서 자신을 지키는 방향으로 반응하게 되어요.

예상치 않은 깜짝 선물을 받았어요! 뇌는 선물이 무엇인지에 온 정신을 집중해요.

슬픔을 느끼면 눈물이 흐르기 시작해요.

두려움이 우리를 보호한다고?

#두려움 #콩팥위샘 #투쟁-도피 반응

두려움은 중요한 감정이에요. 우리 신체의 조기 경보 시스템이 거든요. 안전을 위협할 요소를 알아차리게 하고 위험에서 피할 채비를 하게 해요.

우리가 두려움을 느끼면 뇌와 신체 모두에 변화가 일어나요. 뇌의 시상은 감정과 기억에 관여하는 편도체로 감각 신호를 전달하지요. 편도체는 뇌 앞쪽에 연락해 위협의 정체를 파악하고, 신경계와 콩팥위샘(콩팥 위에 있는 분비샘)에 지시를 내리지요. 두 기관은 화학 물질을 분비해서 신체의 에너지를 끌어올려요.

그렇게 되면 우리의 심장 박동과 호흡이 빨라지고, 경계심이 상승

하게 돼요. 곧 닥칠 격렬한 신체 활동에 대비하는 거예요.

전속력으로 도망치거나 전력으로 싸워야 할 수도 있는데, 이 과정을 '투쟁-도피' 반응이라고 해요. 옛날 사람들은 수시로 마주하는 죽느냐, 사느냐의 상황에서 이 반응에 의지해 살아남았어요.

요즘 우리는 이 반응을 이용해 일상의 위험을 피해요. 지름길이라 해도 으슥한 골목이라면 가지 않고, 저 멀리 사나운 개가 보이면 다른 길로 돌아가지요.

▶ 3분 미션

공포증과 그 대상을 짝지어 보기

어떤 대상이나 생물 또는 상황에 대해 극심하고 지나친 두려움을 느끼는 것을 공포증이라고 해요. 아래의 공포증과 두려움을 느끼는 대상을 짝지어 보아요.

- 공포증 : 폐소 공포증, 접촉 공포증, 광장 공포증, 거울상 공포증
- 대상 : 광장과 같은 넓은 공간, 거울, 닫혀 있는 좁은 공간, 접촉

☞ 정답은 98쪽에

감각이 벌어질 위험을 감지하면, 몸이 투쟁-도피 반응을 일으킬 수 있어요.

뇌의 앞부분이 위협을 분석해요.

동공이 크게 열리면서 빛을 최대한 많이 받아들여요.

땀이 많이 나면서 투쟁-도피 반응을 앞두고 체온을 빠르게 내려요.

심장 박동이 빨라져요. 심장은 온몸으로 혈액을 더 빠르게 내보내고, 혈액은 에너지원인 포도당과 산소를 운반해요.

폐가 커지면서 산소를 더 많이 받아들여요.

근육이 긴장하며 행동에 나설 준비를 해요.

머리에 쏙쏙!
뇌 용어 사전

감정 행복이나 슬픔이나 불안 같은 느낌을 말해요. 뇌가 우리 몸의 변화를 지각할 때 생겨나지요. 우리의 행동 방식이나 결정에 영향을 미칠 수 있어요.

공포증 어떤 대상을 향해 쉽게 설명할 수 없는 이유로 끊임없이 극단적인 두려움을 느끼는 상태를 말해요. 공포증이 있는 사람은 자신이 공포를 느끼는 대상을 피하려고 생활 방식을 바꾸기까지 해요.

대뇌변연계 뇌 깊숙이에 있는 여러 부분을 통틀어 일컬어요. 기억과 감정과 행동에 관여하지요.

콩팥 위샘(부신) 콩팥 위에 있는 분비샘이에요. 우리가 겁에 질릴 때 화학 물질을 분비해요.

지능을 높이는 뇌 사용 설명서

　우리는 뇌 덕분에 신체를 조율하고, 예상하지 못한 상황에 반응하며, 지나간 생각이나 경험을 기억에 저장할 수 있어요. 사실 뇌의 역할은 이보다 훨씬 더 많아요!

　뇌는 우리에게 미리 계획을 세우고, 남을 이해하고 소통하게 하며, 수없이 다양한 결정을 내릴 수 있는 방법을 알려 주어요. 뿐만 아니라 갖가지 대상을 있는 그대로가 아닌 새로운 방식으로 상상할 수 있도록 해요. 그래서 우리가 문제에 부딪힐 때면 창의적인 해결책을 떠올릴 수 있는 거지요.

지능은 성적순이 아니라고?

#지능 #음악 지능 #논리 수학 지능 #대인 관계 지능

지능이란 배우고 생각하고 개념을 이해하며, 결정을 내리고 환경에 적응하는 능력을 아울러 말해요. 지능은 여러분이 학교 공부를 얼마나 잘하는지로 알 수 없어요. 그래서 학교 성적은 지능을 가늠하는 기준이 될 수 없지요.

지능은 다양하게 나뉘는데, 사람마다 뛰어난 지능이 달라요. 어떤 사람은 '음악 지능'이 뛰어나서 소리와 음과 박자를 잘 구분하고 손쉽게 선율을 파악하지요.

'논리 수학 지능'은 숫자와 셈, 등식을 잘 다루는 능력이에요. 논리 수학 지능이 뛰어나다면, 규칙성을 잘 찾는 것을 넘어 과학적 문제를 해결하는 데 탁월할 거예요.

음악이나 숫자, 문제 해결뿐 아니라 사람에 관련된 지능도 있어요. '대인 관계 지능'은 남을 이해하는 능력이에요. 다른 사람의 상황에서 생각하고 사람들을 원만하게 대하는 걸 말하지요. 반면에 스스로를 이해하고 자기가 왜 그런 행동을 했는지 잘 아는 것은 '자기 성찰 지능'이라고 해요.

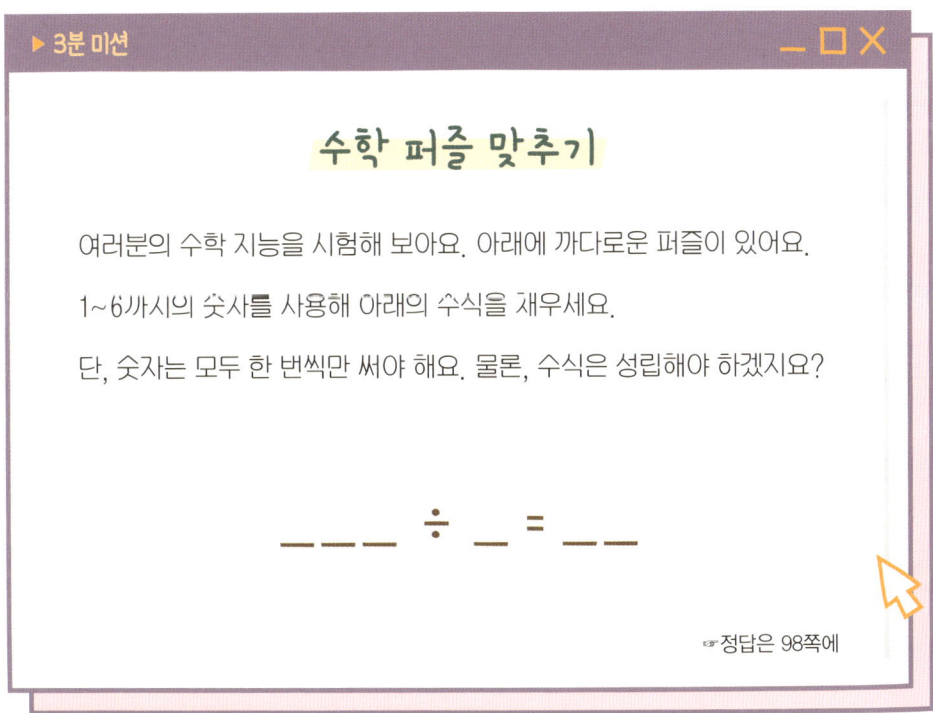

▶ 3분 미션

수학 퍼즐 맞추기

여러분의 수학 지능을 시험해 보아요. 아래에 까다로운 퍼즐이 있어요.
1~6까지의 숫자를 사용해 아래의 수식을 채우세요.
단, 숫자는 모두 한 번씩만 써야 해요. 물론, 수식은 성립해야 하겠지요?

_ _ _ ÷ _ _ = _ _

☞ 정답은 98쪽에

사람들은 각자 뛰어난 지능이 달라서
저마다 잘하는 일이 달라요!

복잡한 저글링을 할 수 있는 사람은
운동 감각 지능이 뛰어나요.

판매를 잘하고 사람들과
원만히 지내려면 대인 관계
지능이 좋아야 해요.

여러분의 수학 지능을 활용해서
이 퀴즈를 풀어 보세요!

남자아이 앞에 저울 세 개가 나란히 놓여
있어요. 두 개의 저울은 균형이 맞는군요.
세 번째 저울의 균형을 맞추려면 사과가
몇 개 필요할까요?   ☞정답은 98쪽에

지능이 높으면 대화를 잘할까?

#언어 지능 #문자 언어 #시각 언어

많은 생물들이 소리나 신호를 이용해 서로 소통해요. 그렇지만 수많은 낱말과 의미로 이루어진 '언어'를 익히고 사용하는 능력이 있기 때문에 인간이 여느 동물과 다른 거예요.

언어 지능은 우리가 다양한 아이디어와 경험을 세세하게 설명하고 쉽게 전달할 수 있도록 해 주어요. 말로 된 설명과, 문자 언어와 몸짓뿐 아니라 책과 잡지와 인터넷 사이트의 시각 정보를 통해서도 배울 수 있지요.

언어 지능이 뛰어나다면 쓰기와 말하기를 통해 생각을 쉽게 전달하고, 정보를 빠르게 이해할 수 있어요. 어휘력도 뛰어나서 많은 낱말을 알고 이해하며 활용하겠지요. 말하거나 글을 쓸 때 우리 뇌는 기억에 저장된 어휘들을 둘러보고 알맞은 것을 고르니까요.

초기 유아기의 아이가 아는 낱말은 고작 100~200개예요. 그런데 그 시기의 뇌는 새로운 낱말을 놀라운 정도로 빨리 습득해요. 그래서 여러분이 중학생이 될 즈음이면 대략 1만 개에서 1만 5천 개의 낱말을 알고 있게 되지요. 우아, 정말 놀랍지 않나요?

▶ 3분 미션

낱말 퍼즐 게임

각 번호에서 다른 낱말과 어울리지 않는 낱말을 골라요. 그 낱말이 어울리지 않는다고 생각한 이유는 무엇인가요?

1. 튀기다, 차다, 밀다, 뛰다, 바느질하다, 대들보, 달리다, 당기다

2. 초롱초롱하다, 눈부시다, 파다, 밉다, 못마땅하다, 더럽다, 좁다

3. 위험한, 위태로운, 해로운, 안전한, 치명적인, 위협적인, 아슬아슬한, 유해한

☞ 정답은 98쪽에

🔍 농구 선수는 눈썰미가 좋아야 한다?

#시각 정보 #시각 공간 지능

시각 공간 지능은 뇌가 받아들인 시각 정보를 이해하고 활용할 수 있도록 해요. 우리는 매일 이 지능을 사용하고 있지요. 물건이 택배 상자에 들어갈지 가늠해야 하고, 학년이 바뀌면 새로운 교실에 익숙해져야 하잖아요.

그럼 시각 공간 지능이 특별히 뛰어난 사람들은 어떤 특징을 가지고 있는지 살펴볼까요?

☑ 퍼즐을 잘 맞추고 미로에서 잘 빠져나와요.
☑ 그래프나 도표, 도형을 이해하고 해석해요.

- ☑ 지도를 잘 읽어요. 위치를 파악하고 방향을 잘 찾지요.
- ☑ 관찰력이 뛰어나고 공간이나 사람에게 생긴 시각적 변화를 빠르게 알아차려요.
- ☑ 공간 인지가 가능해서 물체나 공간, 떨어진 거리를 3차원으로 보고 파악해요.
- ☑ 그림 그리기, 조각, 도안 작성에 뛰어나요.

디자이너와 건축가, 엔지니어, 범죄 현장을 조사하는 경찰관도 뛰어난 시각 능력이 필요해요. 운동선수도 주변 공간을 가늠하고 다른 선수의 위치를 파악해야 하지요.

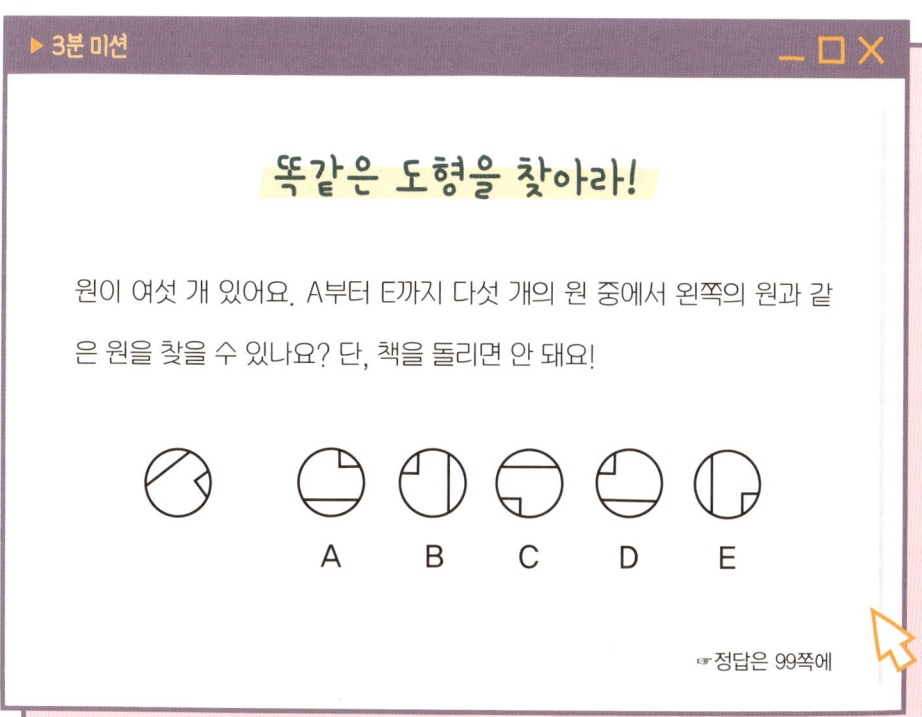

▶ 3분 미션

똑같은 도형을 찾아라!

원이 여섯 개 있어요. A부터 E까지 다섯 개의 원 중에서 왼쪽의 원과 같은 원을 찾을 수 있나요? 단, 책을 돌리면 안 돼요!

A B C D E

☞ 정답은 99쪽에

시각 공간 지능이 뛰어나면 길을 잘 찾고 대상의 움직임과 간격을 잘 가늠하며, 머리 속에서 물체를 다양한 각도로 볼 수 있어요.

> 입체 도형을 다양한 각도에서 보는 능력을 시험해 보세요.

A, B, C의 도형 중 같은 도형은 어느 것일까요? ☞ 정답은 99쪽에

> 시합 중의 선수들은 계속해서 달라지는 공과 상대편 선수들의 위치와 움직임을 파악해야 해요.

선수들은 같은 편뿐 아니라 상대편 선수의 위치도 알고 있어야 하지요.

골키퍼는 공과 자신과의 간격을 가늠해야 해요.

선수들은 움직이는 공의 속도와 방향을 판단해야 하지요.

🔍 옷을 고를 때도 논리가 필요해

#논리 #문제해결 #추론 #연역법

$$x = \frac{\sqrt{3a(2-b)}}{x+4}$$

수학 문제를 풀고, 어떤 옷을 입을지 고민하는 등……. 우리 뇌는 매일 갖가지 문제를 해결하고 수많은 결정을 내려요. 뇌는 다양한 도구를 사용하는데, '논리'도 그중 하나예요. 논리는 우리가 사고하는 방식이지요.

900여 년 전에 이븐 루시드라는 학자는 논리를 '참과 거짓을 구별하는 도구'라고 했어요. 그래서 우리 뇌는 논리를 이용해서 서로 다른 정보가 어떻게 연관되는지 이해해요. 예를 들면, 56-18=38 같은 수식을 풀 때 쓰는 것도 논리랍니다.

추론은 생각 체계예요. 논리를 이용해서 알고 있는 사실로부터 결론을 끌어내지요. 추론의 한 방식인 연역법을 간단히 살펴보면, '모든 새에게는 날개가 있다.'와 '펭귄은 새다.'라는 두 개의 사실에서 펭귄에게 날개가 있다는 결론을 내릴 수 있어요. 그렇지만 추론은 사실이 옳을 때만 가능해요!

결론을 내릴 때는 논리와 함께 감정도 사용된답니다. 감정은 행복은 더하고 두려움은 낮추는 방안을 선택하지요. 가장 짧은 길보다 가장 안전한 길을 선택하게 하는 거예요.

▶ 3분 미션 　　　　　　　　　　　　　　　　 － ☐ ✕

논리 퍼즐 풀기

논리 퍼즐을 풀면서 추론 능력과 논리적 사고력을 기를 수 있어요. 아래의 퍼즐을 함께 풀어 볼까요?

1. 가로 3칸, 세로 3칸의 격자가 있어요. 9칸의 격자에 6개의 X를 표시해 보세요. 단, 가로와 세로, 대각선의 어느 열에도 X가 3개 들어가서는 안 돼요.

2. 둥그런 생일 케이크가 있어요. 8명의 친구들에게 케이크를 똑같은 조각으로 나누어 주세요. 단, 칼질은 세 번만 해야 해요.

☞ 정답은 99쪽에

🔍 천재들은 산책을 좋아한다고?

#창의력 #아이디어 #다윈 #아인슈타인

머릿속에 영감이 떠오른다고요? 새로운 것을 만들거나 원래 있던 것을 나만의 방식으로 개선할 때 우리의 뇌는 '창의력'이라는 놀라운 능력을 발휘해요.

창의력은 수수께끼 같아요. 과학자들은 탁월하면서 과감한 아이디어는 뇌의 어느 한 부위에서 나오는 게 아니라고 말해요. 뇌의 여러 부위가 동원되지요. 뇌는 여러 아이디어와 생각과 기억을 연결해서 새로운 생각을 만들어 내요.

창의력은 시와 노래를 짓고 조각상을 깎는 예술 분야에서도 중요하지만, 경제 과학과 산업 분야에서도 필수적이에요. 입구가 꺾이는

빨대에서 트램펄린(1930년대에 미국의 체조 선수 조지 니센이 발명했어요.)까지, 발명가들의 샘솟는 창의력 덕에 수많은 발명품이 세상에 나올 수 있었지요.

그렇다면 창의력은 어떻게 키울 수 있을까요? 찰스 다윈을 비롯하여 여러 천재들은 창의력이 가장 번득이는 순간으로 산책할 때를 꼽았어요.

위대한 과학자 아인슈타인은 꿈에서 영감을 얻었다고 하지요. 또 아이디어를 생생하게 떠올리고 스케치하는 것도 창의력을 키우는 데 도움이 된다고 해요!

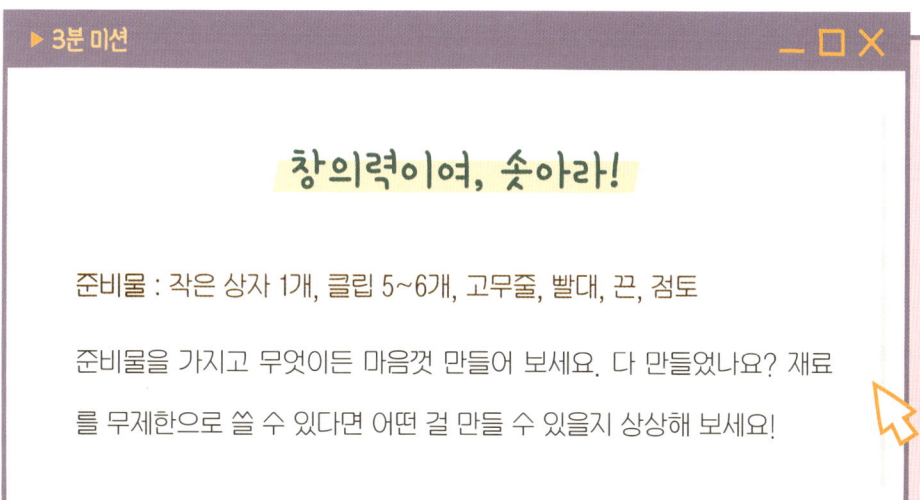

▶ 3분 미션

창의력이여, 솟아라!

준비물 : 작은 상자 1개, 클립 5~6개, 고무줄, 빨대, 끈, 점토

준비물을 가지고 무엇이든 마음껏 만들어 보세요. 다 만들었나요? 재료를 무제한으로 쓸 수 있다면 어떤 걸 만들 수 있을지 상상해 보세요!

창의력이 발휘되면 뇌 여러 부위의 정보가 다양하게 합쳐지면서 새로운 아이디어가 만들어져요.

평소에는 관계없던 것들의 결합이 새로운 발명과 기발한 신기술로 이어질 수 있어요.

창의력이란 예술에서만큼 과학과 산업에서도 중요해요.

아이디어는 첫 단추일 뿐이에요. 발명으로 이어지려면 엄청난 끈기와 노력이 필요해요.

아이디어가 떠올랐다고 모두 성공하지는 않아요. 미국의 발명가 토머스 에디슨은 1800년대에 콘크리트 소파를 발명했어요. 물론 조금도 인기를 끌지 못했답니다!

챗GPT는 사람만큼 똑똑할까?

#인공 지능 #챗GPT

과연 사람만큼 똑똑한 기계를 만들 수 있을까요? 인공 지능(AI)은 사람과 아주 비슷한 방식으로 배우고 작동하는 로봇을 개발하기 위해서 만들어졌어요.

특정한 영역에 한해서지만, 인공 지능은 계속해서 발전해 인류의 능력을 뛰어넘는 컴퓨터들도 나오고 있지요. 1997년에는 컴퓨터인 딥블루가 체스 세계 챔피언 가리 카스파로프를 이겼어요. 2016년에는 바둑 프로그램 알파고가 이세돌 9단과의 대결에서 승리했고요.

우리 뇌는 여러 면에서 컴퓨터와 닮았어요. 작동할 때 에너지가 필요하고, 미세한 전기 신호를 사용해서 소통하며, 정보를 기억에 저장하거든요. 또 자료를 받아들이고 처리하는 방식도 비슷해요.

그렇지만 많은 면에서 우리 뇌가 훨씬 뛰어나요. 뇌는 상황에 맞추어 대응하고, 다양한 일을 해내며, 스스로 판단할 수 있거든요. 우리를 마음껏 상상하게 하고, 창의적인 해결책을 떠올리게 하지요. 계속해서 신경의 연결망을 다시 만들고요.

지금까지 나온 그 어떤 장치나 기계도 우리 뇌의 수준에 도달하지는 못했답니다!

▶ 여기서 잠깐!

인공 지능과 챗GPT

OpenAI에서 개발한 최첨단 '자연어(인간이 일상생활에서 의사소통을 위해 사용하는 언어)' 처리 모델이에요. 번역, 질문-응답, 내용 요약 등과 같은 광범위한 언어 작업을 수행할 수 있도록 다양한 출처에서 교육을 받았지요. 대화의 주제는 지식과 정보뿐 아니라 창의적 아이디어와 문제의 해결 방안을 제시하는 등 매우 광범위하답니다. 그렇지만 가끔 잘못되거나 편향적인 정보를 제공할 수 있기 때문에 챗GPT가 제공하는 정보는 검증이 필요해요!

머리에 쏙쏙!
뇌 용어 사전

공간 인지 주변의 물체와 자신을 인지하고, 물체와 물체와의 간격과 공간을 이해하는 것을 말해요.

논리 추론을 사용하여 탐구하는 사고방식을 가리켜요.

대인 관계 지능 남을 이해하는 능력을 뜻해요. 이 지능이 높으면 다른 사람의 상황에서 생각할 수 있고 사람들을 원만하게 대할 수 있어요.

소통 정보를 남에게 전달하거나 남과 나누는 활동을 말해요.

어휘력 사람들이 쓰고 이해하는 모든 말을 뜻해요.

언어 생각과 느낌을 소통하게 하는 목소리와 손짓, 문자 기호 또는 그 체계예요.

인공 지능(AI) 인간의 지능이 필요한 일을 수행하는 컴퓨터 프로그램이나 기계를 설계하기 위해 개발되고 있어요.

자기 성찰 지능 스스로를 이해하고, 원하는 것과 두려워하는 것을 파악하며, 자신을 행복하게 하는 것과 행복하지 않게 하는 것이 무엇인지 아는 능력이에요.

창의력 그 어디에도 없는 새로운 생각을 떠올리는 능력을 가리켜요.

정답

13쪽) 달걀이 머리라고 상상해 볼까?

물을 채운 용기 안의 달걀이 무사할 거예요. 물이 달걀을 보호했기 때문이지요.

72쪽) 공포증과 그 대상을 짝지어 보기

폐소 공포증 – 닫혀 있는 좁은 공간

접촉 공포증 – 접촉

광장 공포증 – 광장과 같은 넓은 공간

거울상 공포증 – 거울

79쪽) 수학 퍼즐 맞추기

162 ÷ 3 = 54

80쪽) 퀴즈 정답

바나나 1개 = 파인애플 2개

파인애플 1개 = 사과 2개

따라서 파인애플 1개 + 바나나 1개

= 사과 6개

82쪽) 낱말 퍼즐 게임

1. 대들보. 대들보만 명사이고, 나머지 낱말은 모두 동사예요. (명사 : 사람이나 사물의 이름을 가리키는 말, 동사 : 사람이나 사물의 움직임이나 행동을 가리키는 말)

2. 파다. 파다만 동사고, 나머지는 모두 형용사예요. (형용사 : 사람이나 사물의 성질과 상태 또는 존재를 나타내는 말)

3. 안전한. 목록의 나머지 낱말들과 뜻이 반대예요.

85쪽) 똑같은 도형을 찾아라!
D

86쪽) 퀴즈 정답
A와 C

88쪽) 논리 퍼즐 풀기
1.

2. 케이크의 몸통 가운데를 가로로 자르세요. 케이크 윗면을 서로 직각이 되도록 두 번 자르면 같은 조각이 8개가 되지요!

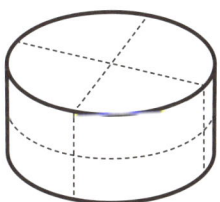

푸른숲 생각 나무 25

밥을 먹지 않으면 뇌가 피곤해진다고?

첫판 1쇄 펴낸날 2023년 8월 22일
3쇄 펴낸날 2024년 10월 21일

지은이 클라이브 기퍼드
그린이 웨슬리 로빈스 **옮긴이** 김선영
발행인 조한나
주니어 본부장 박창희
편집 박진홍 정예림 강민영
디자인 전윤정 김혜은
마케팅 김인진
회계 양여진 김주연
인쇄·제본 영신사

펴낸곳 (주) 도서출판 푸른숲
출판등록 2003년 12월 17일 제2003-000032호
주소 경기도 파주시 심학산로 10, 우편번호 10881
전화 031) 955-9010 **팩스** 031) 955-9009
인스타그램 @psoopjr **이메일** psoopjr@prunsoop.co.kr
홈페이지 www.prunsoop.co.kr **제조국** 대한민국

ⓒ 푸른숲주니어, 2023
ISBN 979-11-5675-380-3 74470
　　　979-11-5675-030-7 (세트)

• 잘못된 책은 구입하신 서점에서 바꾸어 드립니다.
• KC 마크는 이 제품이 공통안전기준에 적합하였음을 의미합니다.
• 던지거나 떨어뜨려 다치지 않도록 주의하세요.
• 이 책 내용의 전부 또는 일부를 재사용하려면 저작권자와 푸른숲주니어의 동의를 받아야 합니다.